Gabriele Kreis
Frauen im Exil

Gabriele Kreis

Frauen im Exil

Dichtung und Wirklichkeit

claassen

Gesetzt aus der Garamond der Fa. Hell
Satz: Dörlemann-Satz, Lemförde
Papier: Papierfabrik Schleipen GmbH, Bad Dürkheim
Druck und Bindearbeiten: Pustet, Regensburg
Printed in Germany
ISBN 3 546 45658 0

Anna ist tot.
Anna mit dem warmen Lachen.
Anna mit den dunkelbraunen Haaren, nur am Scheitel grau. Anna mit den weiten Augen, deren Glanz berühmt war, und der angenehmen, ruhigen Stimme, nicht zu hoch und nicht zu tief. Anna, Sepps Frau und Hanns' Mutter.
Aufmerksam und gelassen, hilfsbereit immer, resolut, wenn nötig.
Anna, die Lebenslustige, die Muntere, die Schöne.
Eine Frau in ihrer Blüte. Ein breites, straffes Gesicht, eine stattliche, füllige Figur. Gepflegt, gut angezogen, damenhaft. Eine Frau zwischen den Altern, doch »wenn sie guter Laune war, wenn sie lachte und ihre schönen, großen, weißen Zähne zeigte, dann wirkte sie jung«.
Junge Anna an die Vierzig.
Lachte sie nicht – hat sie wirklich seltener gelacht in der letzten Zeit? –, dann wirkten ihre Züge leicht »verwaschen und ihre Augen stumpf«.
Sie wußte es. Sie muß es gewußt haben. Und wer wußte es außer ihr?
Sepp? Hanns? Hanns, mit siebzehn unerbittlich jung. Für ihn stand sie vor dem Spiegel, und sie besah sich mit scharfem Blick: »Vielleicht hätte sie sich gestern doch die ergrauenden Haare auffärben lassen sollen?« Aber das Geld, aber die Zeit . . . Und Hanns strebte weg von ihr, nach Rußland. Arme Anna.
»Zwei Jahre Emigration haben sie nicht schöner gemacht.« Doch wenn sie dann ausging im Pelz, dessen »schäbige Stellen sie mit viel Geschick verdeckte«, wenn sie bei Dr. Wohlgemuth die Patienten versorgte oder in Gesellschaft mit Freunden zusammentraf, dann war sie die alte, die andere Anna.

– »Großartig schaust du aus.«
Manchmal sah Sepp sie an in solchen Augenblicken, »voll ehrlicher Bewunderung«.
»Wie du das nur immer fertigbringst. Racker dich nicht zu sehr ab, Alte.«
Oft sah er sie nicht an in solchen Augenblicken.
Großartig schaut sie aus, hatte auch Riemann gedacht, zu Besuch in Paris, Leonhard Riemann, Sepps alter Freund und Kollege, ein Dirigent, der immer noch in Deutschland lebte. Großartig, und wie »ihr die Freude das Gesicht verschönt«! Dabei hat sie es gewiß nicht leicht mit Sepp, »dem schlampigen, lärmenden, ungeschlachten Sepp, jetzt, in dieser Emigrantenumwelt, schon gar nicht«.
Wie früher in München war es gewesen, und in Berlin, und für Augenblicke war vergessen, wo man saß: in armseligen zwei Zimmern im Hotel Aranjuez in Paris, 1935.
Sepp hatte wieder Zeit für seine Musik, und Anna hatte wieder Zeit für ihn und seine Musik.
Ein Traum. Ausgeträumt im Exil.
Die Wirklichkeit: Sepps Arbeit in der Redaktion der Pariser Nachrichten, Annas Arbeit als Sprechstundenhilfe bei Dr. Wohlgemuth.
Nein, einfach war es nicht. »Die ganzen Sorgen des kleinen Alltags lagen auf ihr.« Sepp wußte das nur allzu gut.
Vielleicht hätte er ihr helfen sollen? Aber was wäre dann aus seiner Politik geworden . . .
Denn Sepp, der Musiker, seiner Art nach »nichts als Musiker«, machte Politik. »Die Zeitläufe hatten ihm in hartem Anschauungsunterricht beigebracht, daß man Musik ohne Politik nicht machen kann.« Also machte er Politik, bei den Pariser Nachrichten Politik, und für die Musik blieb keine Zeit.

Arme Anna, die »lieber über seine Musik mit ihm geredet« hätte.
Ob er mich noch liebt?
Anna hatte sich das oft gefragt. Vor der Antwort hatte sie jedesmal Angst. Sie fühlte sich dann alt oder »nicht mehr jung genug, ihn zu reizen, und sie hat nicht die Zeit, sich für ihn zurechtzumachen. Vielleicht ist auch diese Erna Redlich daran schuld, daß er für sie kein Aug' mehr hat.«
Erna Redlich, die kleine Sekretärin von den Pariser Nachrichten, die für Sepp schwärmt . . .!
Sepp. Hager, stoppelbärtig, tiefliegende Augen, ein Sanguiniker, und wenn er in Erregung gerät, spricht er mit krähender Stimme.
Er läßt sich gehen im Exil, und es scheint ihm zu gefallen. Ihr nicht. »Vielleicht kommt es daher, daß er eine dürftige Jugend gehabt hat, während sie in heiterer, behaglicher Umgebung groß geworden ist.«
Mein Abstieg ist nicht dein Abstieg.
Sagen würde sie das nie. Sie sagt vieles nicht. Sicherlich hat sie vieles nicht gesagt.
Aber an diesem Abend war alles anders. War vieles vergessen. Denn Riemann war da, und mit Riemann die Erinnerung an bessere Zeiten.
Wann war sie zuletzt so vergnügt gewesen?
Manchmal bei den Heilbruns, deren »Pariser Wohnung gespenstisch an ihre Berliner Räume erinnerte«.
Seltener bei den Pereyos, von denen sie sich Hilfe erhoffte für eine Rundfunkaufführung von Sepps Oratorium »Die Perser«.
Unangenehm waren ihr diese Bittgänge schon, aber Sepp kümmerte sich ja um nichts. Nur um seine Politik!
Gefreut hat er sich aber doch, als es dann klappte. Fast so sehr wie Anna hat er sich gefreut.

Mit wieviel Liebe sie damals das kleine Fest zu Sepps Ehren ausgerichtet hat . . . Ihr letztes Fest.
Aber wer konnte das auch ahnen . . . Und wie gut, daß es niemand geahnt hat, nicht einmal Anna.
Und nun ist Anna tot. Gestorben an einer Leuchtgasvergiftung. Hat einfach nicht mehr gewollt, hat einfach nicht mehr gekonnt, hat Schlafmittel genommen zum Wein, sich ins heiße Wasser der Badewanne gesetzt, den Gasschlauch im Mund, und aufgehört zu leben bei lauter Musik aus dem Radio. Mozart: Die kleine Nachtmusik.
Als Sepp sie fand, sah sie blühend und schön aus, mit roten Lippen und kräftig durchbluteter Haut.
Leuchtgastote sind schön.
Anna hatte es gewußt, als sie den Schlauch in den Mund nahm.
Es war ihr wichtig gewesen.

Dichtung I

Anna Trautwein

»Sie hat zwei Jahre durchgehalten. Ein Tag war schlimmer als der andere und eine Nacht war schlimmer als die andere, sie ist in diesen zwei Jahren zu einer Parodie der früheren Anna geworden, aber sie hat sich nicht gehenlassen, sie hat durchgehalten. Jetzt kann sie es nicht mehr. Sie will auch nicht mehr. Fast wollüstig merkt sie, wie ihre Energie zusammenbricht. Es war eine künstliche Fassade, und was dahinter ist, das ist eine Frau, hilflos, keiner Anstrengung mehr fähig, weinend, verströmend.«
Anna Trautwein ist 1933, unmittelbar nach Hitlers Machtergreifung, mit ihrem Mann Sepp, einem bekannten deutschen Komponisten, und ihrem fast erwachsenen Sohn Hanns nach Paris emigriert. In Deutschland waren die Trautweins reich und angesehen gewesen, sie hatten in München ein großes Haus geführt. In Frankreich sind sie arm, es reicht gerade eben zum Leben – in armseligen Zimmern in einem Emigrantenhotel.
Sepp versucht, an seiner Komposition »Der Wartesaal« weiterzuarbeiten. Es fällt ihm schwer. Von Zeit zu Zeit schreibt er Artikel für eine Exilzeitung, die Pariser Nachrichten. Als Fritz Benjamin, einer der dort beschäftigten Redakteure, wegen seines Passes nach Basel muß, übernimmt Sepp Trautwein seine Vertretung. Das Geld – es ist nicht viel – kann er gut gebrauchen, die Arbeit macht ihm Spaß. Seine Polemiken gegen die faschistische Kulturpolitik sind beliebt bei seinen Freunden und gefürchtet von seinen Gegnern.

Sepp ist in seinem Element. Zum Komponieren bleibt ihm kaum noch Zeit. Sein schlechtes Gewissen – von Anna wachgehalten, die mit seinem neuen Beruf, der ihn von seiner wahren Profession abhält, nicht einverstanden ist – beruhigt er damit, daß die Vertretung ja nur für kurze Zeit ist. Er irrt. Sie dauert Monate.
Fritz Benjamin wird Opfer einer faschistischen Verschwörung. Er wird nach Deutschland ins KZ verschleppt.
Sepp übernimmt seinen Posten. Schreibend will er für die Freilassung seines Kollegen kämpfen.
Anna indessen kämpft ums Überleben. In Deutschland hatte sie nicht praktisch sein müssen. Im Exil muß sie es sein. Sie will sich und ihre Familie irgendwie durchbringen, denn auf Sepps Einkünfte ist kein Verlaß. Sie verdingt sich als Sprechstundenhilfe bei einem deutschen Zahnarzt. Die Arbeit geht ihr leicht von der Hand. Dr. Wohlgemuth schätzt ihre Zuverlässigkeit und Ruhe.
Anna ist stolz auf das selbstverdiente Geld, stolz auf den Konzertabend, den sie Sepp ermöglicht, stolz auf das selbstgekochte Essen im möblierten Zimmer . . . Bis Sepp droht, sie zu verlassen. Ihre Fürsorge erträgt er nicht mehr, ihre Kritik will er nicht hören, ihre Wünsche kann er nicht erfüllen. Dem politischen Kampf opfert er erst die Kunst und dann das gemeinsame Leben. Lieber als mit Anna ist er mit der Redaktionssekretärin Erna Redlich zusammen; denn Erna kritisiert ihn nicht, Erna bewundert ihn. Anna ist verzweifelt.
Als Dr. Wohlgemuth seine Praxis nach London verlegt, bietet er ihr an, ihn zu begleiten. Anna macht ihre Entscheidung von Sepp abhängig. In London würde es ihnen bessergehen – mehr Geld, und er hätte mehr Zeit für seine Musik. Doch Sepp ist nicht zu bewegen, Paris zu

verlassen. Hier kennt er sich aus, hier hat er Freunde, hier hat er seine Aufgabe: den publizistischen Kampf um Fritz Benjamins Freilassung. Annas Argumenten gegenüber ist er nicht zugänglich. Geld, Musik, eine neue Stelle ... es wird sich schon etwas finden.
Anna resigniert. Sie kündigt bei Dr. Wohlgemuth, ohne zu wissen, wie es nun weitergehen soll. Vom schmalen Gehalt jedenfalls werden sie nicht leben können. Das weiß sie. Als sie eines Abends ein Schreiben findet, aus dem hervorgeht, daß Sepp gekündigt worden ist, bricht sie zusammen. Er hatte ihr nichts davon gesagt. Sie kann nicht mehr. Nur für den Mann hatte sie gelebt, für ihn und durch ihn. Und nun?
»Sie will nicht selbstgerecht sein, sie will ihm nicht unrecht tun. Es sind die Verhältnisse, an denen ihre Beziehungen kaputtgegangen sind. Kunst braucht Zeit. Kunst geben braucht Zeit, und Kunst nehmen braucht Zeit, Zeit und einen freien Kopf. In Deutschland hatte sie Zeit und einen freien Kopf gehabt, darum ist alles zwischen ihnen gutgegangen. Jetzt im Exil haben sie weder Zeit noch den freien Kopf. Es ist das Exil, das ihre Liebe kaputtgeschlagen hat (...). Ihr Betrieb, ihr blöder, kleiner Betrieb hat sie aufgefressen, auch innerlich. In Deutschland sind ihr die Sorgen des Alltags so erschienen, wie sie waren, in ihrer ganzen Winzigkeit und Erbärmlichkeit: im Exil haben sie sich vergrößert und ihr schließlich keinen Raum mehr gelassen für anderes.«
Anna Trautwein bringt sich um.
Zurück bleibt Sepp, mit schlechtem Gewissen zwar, aber im Vollbesitz seiner Talente. Ihr Freitod ist seine künstlerische Katharsis. Jetzt komponiert er sein Meisterwerk, Anna zu Ehren. Und damit nicht genug: Auch die Befreiung Fritz Benjamins gelingt.

Ilse Benjamin

»Sie schaute zu ihm auf, zu ihrem großen, bedeutenden Mann und seinem außergewöhnlichen Schicksal, und gleichzeitig schaute sie auf ihn herunter, fraulich, beinahe mütterlich wie auf ein kleines Kind.«
Ilse Benjamin, eine liebende Frau.
Wie sehr sie ihren Mann Fritz liebt, weiß sie erst seit der monatelangen Trennung von ihm. Benjamin, ein bekannter antifaschistischer Journalist im Pariser Exil, war von den Nationalsozialisten nach Deutschland entführt und ins KZ gebracht worden. Der Kampf um seine Freilassung hat aus seiner Frau Ilse, früher frech und frivol, leichtfertig und genußsüchtig, eine andere gemacht: eine, die endlich weiß, was sie der Liebe zu ihrem Mann schuldig ist. Sie schlägt ihm vor, die Hotelsuite, in der sie bisher wohnten, zu kündigen und eine kleine Wohnung zu suchen. Sie, die ehedem nie auf den Gedanken gekommen wäre, für ihn zu sorgen, zu arbeiten oder ihm wenigstens Arbeit abzunehmen, will plötzlich einen Haushalt führen und auf den Luxus verzichten, der bisher die Voraussetzung ihrer Beziehung zu ihm war.
Ilse war teuer. Wer Ilse besitzen wollte, mußte – wenn schon nicht schön – so wenigstens reich und berühmt sein. Also hatte Fritz geschuftet, glücklich, seiner Frau auch im Exil das gewohnte Leben bieten zu können.
Ilse hatte es genossen wie alles im Leben: das Flanieren durch Paris, Diners in den besten Restaurants und dann und wann eine Liebesaffäre.

Das Exil, in das sie ihrem Mann gefolgt war wie auf einen interessanten Ausflug, hatte ihr Dasein nur wenig verändert und sie selbst überhaupt nicht. Jedenfalls bis zur Entführung ihres Mannes . . .

Als Fritz nach Paris zurückkehrt, erkennt er sie kaum wieder. Fremd stehen sie sich gegenüber, ohneeinander, aber im Denken aneinander verändert. Das Warten auf ihn hat aus ihr »seine Frau« gemacht, in jeder Beziehung.

Fritz gefällt die neue Ilse, die Mischung aus Erinnerung an gestern und Erfahrung von heute. Gestern »launisch, bösartig, zart und frech«, heute »lebendig, wissend und entschieden«. Nach anfänglicher Irritation und einigem Zweifel an der Stabilität ihrer Persönlichkeitsveränderung fühlt er sich geborgen bei ihr und sie sich aufgehoben bei ihm; aufgehoben auch in dem Gedanken, Teilhaberin eines außergewöhnlichen Schicksals zu sein, und in dem Wissen, daß er sie braucht, seine Bewunderin und Helferin. Fortan wird sie für ihn leben und »seine Magd« sein.

Das Gefühl der Geborgenheit und der großen Ruhe, das mit diesem Entschluß über sie kommt, läßt ihr den hohen Einsatz – ihre Freiheit – gerechtfertigt erscheinen.

»Die Müdigkeit (. . .) war nach der Anstrengung ihres plötzlichen Entschlusses doppelt mächtig über sie gekommen. Ihre Augen waren zugefallen, und langsam und gleichmäßig kam der Atem aus ihrem halbgeöffneten Mund.

Ein bißchen hilflos und sehr verliebt betrachtete der Mann die zufrieden schlafende Frau.«

Susanna Rotteck

Eine ausgehaltene Frau.

Eine, die immer durchkommt; eine, die weiß, was sie will, vor dem Exil schon und im Exil erst recht: leben – um und für jeden Preis.

»... die Szenen in dem SS-Keller, das Verhör, die Schreie zur Rechten und zur Linken, das Schicksal der Zurückgebliebenen, seine eigene schreckliche Ungewißheit – darüber ging man doch nicht einfach hinweg! ›Die Hauptsache ist: Sie sind davon.‹ War das Fühllosigkeit? Sie war die Frau eines Mannes, dem die Brut dort drüben das Leben zerknickt hatte, sie mußte mitfühlen können. Aber sie wollte es nicht.

Eine brutale Lebensstärke hatte aus ihrer Antwort geklungen. Jenseits von Pflichtgefühl, Empörung, Mitleid forderte ein einfacheres Element mit gebietender Stimme sein Recht.«

Ludwig von Camberg-Sachsen erkennt die Frau seines Professors Geheimrat Rotteck kaum wieder, als er die Freunde im Prager Exil aufsucht. Doch Schaudern und Erschrecken vor ihr steigern nur noch sein Begehren: Er verfällt ihr.

Was ist aus Susanna Rotteck geworden? Was gibt ihr solche Sätze ein? »Die Welt ist ganz verdreht worden. Sie ist voller Männernarrheit. Ihr lebt ja alle nicht mehr, ihr Männer, nur euren Wahnsinn gibt es für euch. Volk, Recht, Autorität, Freiheit, Krieg oder nicht, Presse, Verbot, Aufmärsche, Revolution, ein Führer, ein Fürst, was weiß ich! Bloß ein Leben gibt es nicht mehr. Lauter Gespenster, die mit Gespensterbeilen aufeinander loshakken. Die Tat! der Geist! das Werk!«

Es begann mit dem Exil, mit dem Tag ihrer Ankunft in Prag. Plötzlich war alles anders, und plötzlich war auch Susanna eine andere. In Deutschland war sie umsichtig auf das Wohl ihres um einiges älteren Mannes bedacht gewesen, sein Schutz und seine Stütze; nun, da er sie mehr denn je brauchte, vergaß sie ihn.

Sie hatte ihm geholfen, nach Prag zu entkommen, denn in Deutschland war er seines Lebens nicht mehr sicher gewesen. Ruhig und umsichtig hatte sie den gemeinsamen Hausstand aufgelöst. »Gleichmütig, ohne nach Frauenart Unnützes zu beklagen, hatte sie ausgeschieden und zurückgelassen.« Das Wichtigste, sein Studienmaterial und seine Manuskripte, hatte sie in zwei große Kassetten verpackt. Er sollte in Prag weiterarbeiten können.

Damit hatte sie getan, was sie für ihre Pflicht hielt und was von ihr erwartet wurde. Mehr tat sie nicht.

In Prag führte sie ihr Leben. Worin es bestand, ließ sie niemanden wissen. Ihr Mann, über Nacht zum Greis geworden, fragte sie nicht. Ihn schien nur noch die Fortführung seines Werkes zu interessieren. Seine Bildung, die ihr in Deutschland zu Ansehen und behaglichem Wohlstand verholfen hatte, war im Exil nichts mehr wert. Was blieb, war bald Last: der Mann und sein Verstand, doch beides ohne Ort und Ziel. Er war am Ende angekommen und sie in der Mitte des Lebens. Die alte Rechnung ging nicht mehr auf, das Gleichgewicht war empfindlich gestört, der Mann-Frau-Tausch eine Farce. Susanna, wohl wissend um ihren Wert und daß die Tage ihrer Blüte gezählt waren, kündigte den Vertrag: Das Exil macht nicht schöner; nichts in ihr strebte nach

Selbstaufgabe und menschlicher Größe, und noch war der Absprung möglich.
Sie verschwand ohne Abschied, aber auch ohne etwas mitzunehmen. Keiner wußte, wohin. Auch Ludwig nicht, ihr letzter Geliebter, ein deutscher Prinz auf der Flucht vor den Nazis. Was er sich nicht erklären konnte, verurteilte er: Schwach und schlecht nannte er nun die Frau, an die zu denken ihn im nationalsozialistischen Deutschland Todesangst und Kerker überstehen ließ.
Ein Jahr später traf er sie in London wieder. In einem Konzert. »Da stand sie, hochgewachsen und prächtig, im vollen Strahl ihrer selbstverständlichen Eleganz (. . .) Ihr hellrotblondes Haar hob sich in einer hohen, seidigen Welle von ihrer Stirn auf, in einer Frisur, die dem Gesicht etwas Fremdes, Künstliches gab. Verändert erschien auch ihr Mund, es war, als seien die Lippen schmaler geworden, nach innen gezogen, von einem verwöhnten oder habgierigen Ausdruck. Aber sie war schöner als jemals.« –
Für Ludwig dennoch ein »Niemand. Vorüber. Vergessen. Gewesen.« Keine Frau, an die zu erinnern sich lohnte.

Marion von Kammer

Deutsche Schauspielerin und literarische Rezitatorin, seit 1933 im Exil in Paris. Zu Hause in Künstlerkreisen, ihr emotionaler Mittelpunkt: Marion, »viel bewundert und viel geliebt«, geachtet und begehrt, Freundin der Männer und Freundin der Frauen. Marion, die sich durchsetzt, die sich nicht einschüchtern läßt, die nie mutlos ist. Marion, die Stimme der Emigration: »Sie wollte politisch wirken. Sie glaubte, eine Sendung zu haben, und mit stolzem Glück spürte sie: Ich bin ihr gewachsen (...) ›Die antifaschistische Jungfrau von Orléans am Vortragspult!‹ schrieb ein Prager Literat über sie.«
Eine starke Frau, stark für sich und stark für andere, selbst in Momenten der Schwäche. Daß es solche Momente in ihrem Leben gibt, ahnen nur ihre engsten Freunde. Für die anderen ist sie die aktive, die hilfsbereite Marion, Ratgeberin und Stütze in schweren Stunden. »... während sie vor ihrem Publikum oder im Verkehr mit Menschen stets zuversichtlich und beinah munter schien, kannte sie in Wahrheit die Stunden der Anfechtung, der verzweifelten Müdigkeit. Oft kam es ihr sinnlos vor, durch die Länder zu reisen – eine pathetische Missionarin – und schöne Verse zu deklamieren. Was soll es? – fragte sie sich, sooft die Stunde der Anfechtung kam. Wenn sie abends mit ihren Handkoffern und Blumensträußen zum Zug fahren mußte, fühlte sie sich manchmal derart matt und zerbrochen, daß sie erwog, den Rest der Tournee telegraphisch abzusagen, und ein-

fach zu bleiben, wo sie gerade war; in irgendeinem Hotelbett liegenzubleiben, keine Zeitung mehr anzuschauen, keinen Telefonanruf mehr zu beantworten, die Augen geschlossen zu halten, zu schlafen . . .«

Aber im Grunde weiß sie es besser: »Ich bin die Überlebende. Ich bin die Abreisende. Ich bin die, die etwas Neues beginnt.«

Im Spätsommer 1937, nach dem Tod ihres Mannes, des französischen Dichters Marcel Poiret, der sie aus Liebe und um ihr zu einem Paß zu verhelfen, heiratete, bevor er in den spanischen Bürgerkrieg zog, beschließt Marion, Frankreich zu verlassen und nach Amerika zu gehen. Sie kann Europa nicht mehr ertragen: zu viele Verluste, zu viele Erinnerungen. Sie studiert ihr Programm auf englisch ein, verabschiedet sich von ihren Freunden und ihrer Familie und geht, besessen von ihrer Botschaft: eine Warnerin vor dem Faschismus und eine Kämpferin gegen ihn. »Prophetin und Amazone.«

Wie in Europa hat sie auch in Amerika Erfolg.

»Marion machte Eindruck, weil sie aufrichtig war. Sie überzeugte, weil sie ihrerseits starken Glauben hatte, weil die Flamme in ihrem Blick nicht künstlich sein konnte, der Schrei, das Schluchzen in ihrer Stimme nicht affektiert. Ihre Persönlichkeit imponierte, man war beeindruckt durch ihren Mut.« Die amerikanischen Intellektuellen und die deutschen Emigranten liegen ihr zu Füßen. Besonders einer, Professor Benjamin Abel, Historiker aus Bonn. Älter als sie, kleiner, ruhig und rundlich, kein Kämpfer, eher ein ängstlicher Mensch, ist er in allem das Gegenteil von Marions letzter Leidenschaft, dem Italoamerikaner Tullio Rossi, Schriftsteller, Antifaschist und Fensterputzer, den sie in New York kennenlernte und von dem sie ein Kind erwartet.

Unser Kind, nennt es Benjamin Abel glücklich, denn Marion will bei ihm bleiben. Er wird ihr die Ruhe geben, die zu brauchen sie sich immer häufiger eingesteht. Dennoch ist es ihr nicht leichtgefallen, seinen Antrag anzunehmen: Ist Glück in unglücklichen Zeiten gestattet?
Vielleicht wird sie eines Tages ausbrechen, vielleicht wird sie wieder auf Tournee gehen, vielleicht wird sie siegen ... Sie oder ihr ungeborener Sohn Marcel.
»Wer spricht von Siegen? Überstehn ist alles«, zitiert Benjamin Abel seiner Frau Rilke und erklärt: Überstehn ist Siegen. Und Marion, eben noch aufbegehrend, läßt sich überzeugen. So wird aus der »öffentlichen Person« eine ganz »private Frau«, die einsieht, daß das, was zusammengehört, zusammensein sollte: Mann und Frau.

Frauen im Exil

Vier Schicksale, vier Lebensläufe, vier literarische Erfindungen von Männern im Exil.

Anna Trautwein,
die ideale Gefährtin – bis zum Selbstmord: bereit und fähig, sich auf die veränderten Lebensumstände einzustellen. Bereit und fähig, jede Arbeit anzunehmen, um sich und die Familie durchzubringen. Die Frau, die die Aufrechterhaltung des Alltags garantiert, die aus armseligen Hotelzimmern ein Heim schafft, die Erinnerungen und Hoffnungen mit dem Mann teilt. Eine Helferin, die daran zerbricht, nicht mehr helfen zu dürfen.

Ilse Benjamin,
deren Geschichte sich in Teilen liest wie ein Gegenentwurf zu der Annas, die werden will, was Anna war: »seine Magd«. Den Weg von der Verschwenderin zur Versorgerin geht sie aus Liebe zum Mann und aus der Erkenntnis heraus, daß es nichts Unerträglicheres im Exil gibt, als allein zu sein.

Susanna Rotteck,
eine Frau, die nicht allein sein kann. Doch anders als die anderen setzt sie die Bedingungen für das Zuzweitsein. Geboren zur Frau an seiner Seite und geliebt als Frau an seiner Seite, verhält sie sich dieser Bestimmung gemäß. An der Seite eines Niemand ist sie nichts, ein Leben in

Erinnerungen ist für sie kein Leben, und Anpassung ans Unglück bringt kein Glück. Also wechselt sie die Männer für Paß und Geld.

Marion von Kammer,
auf den ersten Blick eine selbständige, unabhängige Frau. Eine, die nicht nur überlebt, sondern lebt; eine, die lieben kann, ohne sich zu verlieren. Aber noch mehr unterscheidet sie von den anderen: Sie ist politisch informiert und engagiert, eine Kämpferin gegen den Faschismus.

Vier literarische Frauengestalten von Männern, die über das Leben im Exil geschrieben haben. Anna Trautwein und Ilse Benjamin hat Lion Feuchtwanger in seinem Roman *Exil* beschrieben, Susanna Rotteck stammt aus *Der Reisepaß* von Bruno Frank, und von Marion von Kammer berichtet Klaus Mann in seinem »Roman unter Emigranten«, *Der Vulkan.*
Abgesehen von Marion sind alle Frauen Nebenfiguren in diesen Romanen, Frauen an »seiner Seite«, dem Manne zugetan und untergeordnet, zum Auf- und Untergang in ihm bestimmt. Ein Schicksal, das sie mit den meisten Frauengestalten in von Männern verfaßten Exilromanen teilen. In ihrem Frauenbild gleichen sich bürgerlich-liberale, linksintellektuelle und konservative Autoren.
Ihre Frauen sind Frauen, deren Leben Sinn erfährt durch den Mann: sei es, indem sie ihn versorgen, sei es, indem er sie versorgt. Mehr noch: Auch ihre politischen An- und Einsichten entwickeln sie im Umgang mit ihm. So findet in Gustav Reglers Saarroman *Im Kreuzfeuer* »das kleine Ladenmädchen Lisbeth aus Liebe zum roten Werner« zum richtigen, zum linken Bewußtsein, und Hans

Habes verwöhntes Bürgerkind Nora Geldern, eine Mischung aus Ilse Benjamin und Susanna Rotteck, verwandelt sich in *Drei über die Grenze* aus Liebe zu dem Kommunisten Richard Sergius von einer, »die alles geschenkt haben wollte und noch nicht einmal mit Dankbarkeit zahlte«, zu einer fast Genossin.

Frauen, denen solche Entwicklung nicht gelingt (alle üppig und verführerisch), Frauen also, die bleiben, was sie immer waren – bedacht auf das eigene Wohlergehen –, werden in der Regel kommentiert und korrigiert durch eine andere, eine vermeintlich positive Frauengestalt: durch und für den Mann lebend und oft zerbrechlich zart. Bei Bruno Frank ist das Ruth Wetzlar. Ihr kann Ludwig von Camberg-Sachsen Helfer und Retter sein. Ein ganzer Mann und sie ohne ihn nahezu verloren.

Gegensatzpaare wie Susanna und Ruth gibt es, wenn auch nicht immer so pointiert, in vielen Exilromanen, wobei auffällig oft ein schlechter Charakter mit einer bemerkenswert guten psychischen und physischen Konstitution einhergeht. Zarte Frauen sind gut, aber kränklich: Wesen, die man beschützen muß. Magere Frauen sind zähe Kämpferinnen, die für sich selbst sorgen können. Sehr weibliche Frauen sind, sofern sie ihre Weiblichkeit nicht in den Dienst des Mannes stellen wie Anna Trautwein, zu meiden. Sie denken zu sehr an ihren eigenen Vorteil.

Wer die Romane des Exils liest, wird Luxusweibchen und Kindfrauen kennenlernen, auch in der Fremde eher schönes Wachs in den Händen des Mannes als seine gleichberechtigte Partnerin. Arme Haserl, die tapfer auf ihre Beschützer warten.

Auf vitale, genußsüchtige Verführerinnen wird er treffen, die im Exil auf Kosten ihrer Männer ihr Glück retten,

und auf unterernährte Seelchen – schmal, arm, edel und zu Unrecht verfolgt –, die Hegetrieb und zärtliche Liebe (keine Leidenschaft!) im Mann zu wecken vermögen.
So verschieden diese Frauen auch sind, eines eint sie: Alle wären nichts ohne den Mann.
Nichts, wie auch die Gefährtinnen, die Versorgerinnen, die Helferinnen wie Anna; Frauen, die nicht nur ihre Gefühle, sondern auch ihre Arbeitskraft in seinen Dienst stellen, überzeugt von der überragenden Bedeutung seiner Person und seines Wirkens. Ihn unterstützend, haben sie teil an seiner Größe. Er steht im Mittelpunkt ihres Lebens, wie er auch im Mittelpunkt der Romane steht. Sie ist eine Randerscheinung, helfende Hand oder hindernde. Nur eine Frau.
Die kämpfende, die unabhängige Frau, politisch informiert und engagiert, ist selten. Noch seltener ist, daß sie die Heldin der Handlung ist.

Marion von Kammer – gewiß auch Klaus Manns Hommage an die geliebte Schwester Erika – ist eine solche Seltenheit. Schön und klug und sehr selbständig, mutet sie beinahe fremd an in der Reihe der durch ihre Beziehung zu Männern definierten Frauen. Ihr Schicksal ist eines der wenigen explizit gestalteten in der Exilliteratur. Zu verdanken ist es einem homosexuellen Mann. Frei von der gelebten Erfahrung der traditionellen Mann-Frau-Beziehung, in der Stärke und Schwäche ihren vermeintlich festen Platz haben, beschreibt Klaus Mann eine starke Frau, anders als die anderen. Daß sie sich am Ende entschließt, Benjamin Abel zu heiraten, ändert nichts an diesem Eindruck. – Denn: Alleinsein im Exil ist unerträglich.
Klaus Mann wußte es. Alle literarischen Gestalten im

Vulkan streben danach, Teil eines Paares zu werden. Sie werden glücklich, und sie scheitern. Dora Proskauer, die in einem Flüchtlingskomitee arbeitet, und Marions Schwester Tilly von Kammer wird diese Sehnsucht zum Verhängnis. Dora fällt auf einen Naziagenten herein, der ihr Liebe verspricht und sie nach Deutschland verschleppt. Tilly bringt sich um, aus Einsamkeit und aus Trauer um den verlorenen Freund.

Andere finden sich und bleiben zusammen. Zwei von ihnen: die Übersetzerin Martha Sirowitsch und der Autor Nathan Morelli. Präziser, als er es tut, läßt sich kaum sagen, was die Menschen im Exil einander näherrücken ließ:

»Wenn ich meine Sirowitsch nicht hätte, ich könnte wohl gar nicht mehr leben. Sie bedeutet ein Stück der verlorenen Heimat für mich.« – Und mehr als das: Als Nathan Morelli schwer erkrankt, ist sie es, die ihn versorgt.

»Ihre Presseagentur hatte internationales Ansehen bekommen . . . Sie mußte sich plagen; ihr kranker Freund hing nicht nur seelisch von ihr ab, sondern auch finanziell. – Sie liebten sich, sie waren sich von Herzen zugetan. Die Sirowitsch genoß innig ihr spätes Glück und durfte sich täglich sagen: Ich habe ihn mir erobert. – Sie war die Herrschende, Aktive in diesem Bunde –: Geliebte, mütterliche Freundin, Ernährer – alles in einer Person.«

Eine Frau im Exil.

Nur Klaus Mann wagte eine so klare und eindeutige Bestimmung, von Wünschen und Ängsten freier als die literarischen Entwürfe der anderen Autoren, bei denen die Frau, was auch geschah, geschieht und geschehen wird, im Schatten des Mannes bleibt.

Entspricht dies Frauenbild der Wirklichkeit der Frauen im Exil?
Das Exil – eine Männerwelt?
Ich mag es nicht glauben. »Trümmerfrauen« fallen mir ein, tatkräftig, zäh und realitätstüchtig gerade in schwierigen Zeiten, in Zeiten des Umbruchs. Sollte das ausgerechnet im Exil anders gewesen sein?
Ich beginne nach diesen Frauen zu suchen. Die Romane lege ich beiseite. Ich suche nun in Autobiographien und in Archiven. Und schließlich in Gesprächen.
Spurensuche in der Vergangenheit.
Ich suche Emigrantinnen, die mir meine Fragen beantworten, die mir sagen: Es war alles ganz anders.
Ich suche Emigrantinnen, die mir erzählen, was die Romane des Exils zu erzählen versäumen: vom Alltagsleben der Frauen im Exil.
Warum sind Frauen emigriert? Mit wem? Unter welchen Bedingungen haben sie im Exil gelebt und gearbeitet? Wie haben sie den sozialen Abstieg verkraftet? Liebe und Exil – vertrug sich das?

Mit einem zerlesenen Exemplar von Lion Feuchtwangers *Exil* in der Tasche mache ich mich auf die Suche nach Annas Vorbildern. Nach Überlebenden. Nach Frauen im Exil.

Wirklichkeit

Gespräche mit Emigrantinnen

Hamburg, Frühjahr 1983. Besuch bei Elsbeth Weichmann. Einer meiner dreißig Besuche bei Emigrantinnen. Dreißigmal der Versuch Nähe: Zuerst Briefe, Telefonate, dann das Treffen. Und jedesmal denke ich: Allein dieser Augenblick ist es, der zählt. Dreißigmal der Wunsch zu gefallen und Angst. Dreißigmal die Scheu vor Indiskretionen und Aufdringlichkeiten, vor falschen Fragen. Was ich eben noch zur Spurensuche einer verschütteten weiblichen Geschichte erklärte, erscheint mir im nächsten Augenblick wie Voyeurismus: sich in fremdes Leben drängen, in Erinnerungen schnüffeln.
Meine Neugierde ist groß.
Daß es auf einfache Fragen keine einfachen Antworten gibt, lerne ich schnell: »Wie es wirklich war, wollen Sie wissen. Sie werden es nie erfahren. Niemand wird es je erfahren. Niemand wird es sich vorstellen können, der nicht Ähnliches erlebt hat.« – Charlotte Beradt hat das zu mir gesagt, bis 1933 freie Journalistin in Berlin, 1939 nach England emigriert, seit 1940 in New York lebend.

Meine erste Emigrantin. Bald vier Jahre ist das her.
Hamburg, Sommer 1979. Charlotte Beradt ist zu Besuch bei einer Freundin. Von dort hat sie mich angerufen: Ich kann kommen.
Ich war ebenso gespannt wie ängstlich. Bisher kannten wir uns nur aus Briefen. Ich hatte ihren Namen, ihre Adresse und eine Kurzbiographie im Verzeichnis des Internationalen PEN gefunden. Im April 1979 sicherte sie mir ihre Unterstützung zu: »Ja, ich habe Interesse an Ihrem Arbeitsvorhaben und unterstütze gern alle, die sich mit Exilfragen beschäftigen.«
Sie berichtete in knappen Worten vom Leben der Frauen

im New Yorker Exil. Sie kannte es gut, und sie kannte viele Frauen; Frauen von Rechtsanwälten und Ärzten, die sich als Reinmachefrauen verdingt hatten. »15 Dollar die Woche, davon konnte man ganz bescheiden damals zu zweien leben. Manche wurden Verkäuferinnen, viele arbeiteten in Fabriken als ungelernte Arbeiterinnen. Ich will damit nicht sagen«, schrieb Charlotte Beradt, »daß das hundertprozentig der Fall war, aber es war das Übliche. Wie viele habe ich total erschöpft nach der Arbeit zu mir kommen sehen.«

»Zu mir«: Das war ihr Frisiersalon, in dem man gut und preiswert die Haare gefärbt bekam und dabei auch noch deutsch reden konnte.

Was für viele Frauen eine Art Fluchtpunkt vor den Schrecken des Alltags in der Emigration gewesen sein mochte, ihr »Sonntag« gewissermaßen, war für Charlotte Beradt »Alltag«: Mit dem Haarefärben – sie hatte es sich selbst beigebracht – ernährte sie sich und ihren erblindeten Mann Martin Beradt, in der Weimarer Republik ein angesehener Jurist und Schriftsteller. Heute arbeitet Charlotte Beradt wieder erfolgreich als freie Autorin.

Wie beeindruckt ich war von dem wenigen, was ich von ihr wußte, versuchte ich mir bei unserem ersten Treffen nicht anmerken zu lassen. Wenn ich heute die Kassette abhöre, die ich damals aufnahm – im ersten Anlauf falsch eingelegt –, merke ich, daß dieser Versuch mißlang. Meine Stimme klingt aufgeregt. Die meisten Fragen vom Blatt, mal akademisch und trocken, dann wieder spontan und privat.

Mein erstes Gespräch mit einer Emigrantin. Mein Wunsch: Es sollte der Schlüssel sein für alles, was folgen würde. Für meine Reise in die Vergangenheit. Der Schlüssel zum Verständnis alles Unbegreiflichen. Wie

war es wirklich? Ab heute würde ich auf meine Fragen Antworten bekommen.
Inzwischen bin ich dreißig Gespräche weiter; frage nun anders, gezielter, bewußter.
Den Wunsch, »die« Exilfrau zu finden, habe ich schon lange begraben. Eher sind es Bausteine zu einer Geschichte der Frauen im Exil, die ich zusammentrage. In Gesprächen, vor allem in ihnen, aber auch in Archiven. Das System, nach dem ich meine Fundstücke zusammenfüge, kombiniert sich aus der Chronologie des Exils wie aus der meiner Suche und ihrem Anlaß: dem literarischen Bild der Frau im Exil. Daß darüber hinaus oft Zufall und Glück die sinnstiftenden Elemente sind, erscheint mir nur angemessen, wenn ich bedenke, wie viele Emigrantinnen in den Gesprächen mit mir mit beidem argumentiert haben.

Eine von ihnen war Elsbeth Weichmann. Die letzte von den Frauen, die ich besuchte. Sie, die Volkswirtin und Journalistin, betrieb im Pariser Exil (ab 1933) zusammen mit ihrem Mann Herbert, dem späteren Hamburger Bürgermeister, eine Art Nachrichtenagentur, die insgesamt elf Zeitungen im In- und Ausland mit wirtschaftspolitischen Artikeln belieferte.
Hatte sie vor der Emigration schon als Journalistin gearbeitet?
– Nein, erst in Frankreich. Ich habe bei meinem Mann Journalismus gelernt. Wir waren ein ausgesprochen großer Produktionsbetrieb. Bestimmte volkswirtschaftliche Fragen bearbeitete mein Mann, bestimmte ich. Wir haben uns sehr gut ergänzt.
Eine Frau im Exil: eine Frau, die gemeinsam mit ihrem Mann eine neue Existenz aufbaut. Eine wie sie fehlt in

den Romanen des Exils: gleichberechtigte Partnerin des Mannes.

Allenfalls bei Klaus Mann treffe ich auf Frauen, die tendenziell Ähnlichkeit haben mit Elsbeth Weichmann, Frauen, deren positives Selbstverständnis sich zu gleichen Teilen auf beruflichen und privaten Erfolg gründet.

Beispiel: Martha Sirowitsch, Besitzerin einer Presseagentur. Jedoch ist sie nicht so sehr gleichberechtigte Partnerin des Mannes Nathan Morelli, sondern vor allem sein emotionaler und ökonomischer Halt. Der Schriftsteller Morelli ist krank und schwach. Die Vermutung, daß es die Verhältnisse waren, die ihn krank und schwach gemacht haben: Die Tatsache, vom deutschen Sprachraum abgeschnitten und ohne Publikum zu sein, legt Klaus Manns Schilderung, legt aber auch die Exilwirklichkeit nahe:

Wie lange kann ein Autor existieren, abgeschnitten vom literarischen Markt? Gewiß, er schreibt weiter. Er schreibt gegen die Isolation, gegen das Vergessenwerden an; er schreibt um sein Leben. Doch leben kann er davon (in der Regel) nicht. Kein Verleger wird ihn drucken, kein Leser wird ihn lesen. Schließlich wird es sein, als hätte er nie geschrieben, und er wird sich fühlen, als hätte er nie gelebt . . . So jedenfalls könnte es sein, und manchmal war es auch so. Besonders dann, wenn die Frauen fehlten.

Nach Ernst Tollers Selbstmord schrieb Klaus Mann an Hermann Kesten: »Seine Depression hatte diesmal von Anfang an den ausgesprochen mörderischen Charakter, und es war keine Frau da, um ihn zu trösten. Christiane wollte nicht mehr zu ihm zurück.« Ernst Toller war längst nicht der einzige Mann, der einzige Schriftsteller, der an der Erfahrung Exil zerbrach. Klaus Mann, selbst gefährdet genug, wußte es, und er wußte auch: »Alleinsein ist unerträglich.« – Seinen Nathan Morelli bewahrte er davor. Er stellte ihm Martha Sirowitsch zur Seite. Daß sie mehr war als »die Frau an seiner Seite«, ist näher an der Wirklichkeit der Frauen im Exil als andere literarische Entwürfe.

Auch Elsbeth Weichmann war mehr als nur »die Frau an seiner Seite«, die »Und-Frau« – wie sie selbst es nennt. 1933 floh die promovierte Volkswirtin zusammen mit ihrem Mann in die Tschechoslowakei. In ihrem Lebensbericht, *Zuflucht – Jahre des Exils,* zeichnet sie die Stationen dieses fünfzehn Jahre währenden Ausnahmezustandes nach: Prag, Paris, New York. Ein typischer Emigrantenweg. Ein typisches Emigrantenschicksal: voller Zufälle und glücklicher Fügungen, aber auch voller Angst und Unsicherheit.
Soll mein Mann bei unserem Gespräch dabeisein? hatte sie mich gefragt. Nein, ich möchte mit Ihnen allein sprechen. Sie war einverstanden gewesen, mehr noch: Was ich vorhatte, gefiel ihr.
So hatten fast alle Frauen reagiert, mit denen ich Kontakt aufgenommen hatte. Alle waren sicher gewesen, mir Wichtiges erzählen zu können, und alle hatten mir Wichtiges erzählt. Was für mich Information war, war für sie Möglichkeit der Selbstvergewisserung. Und mehr: Bestätigung nämlich, daß es richtig war, wie sie gelebt haben. Denn: Zur Geschichte des Exils gehört die Geschichte der Frauen im Exil.
Daß sie bis zum heutigen Tage nicht geschrieben wurde, registriert Elsbeth Weichmann gleich in unserem ersten Gespräch.
– Es gab so viel kleines Heldentum. Diese lebenstüchti-

gen Initiativen dürfen nicht unerwähnt bleiben. Es waren nicht nur die Frauen der Intellektuellen oder die intellektuellen Frauen. Es waren die vielen unbekannten Frauen der Emigration. Sie haben mehr geleistet, als bisher bekannt ist. Sie lernten in der Not, sich selbstsicher und lebenstüchtig zu bewegen. Und sie haben den Überlebenskampf für ihre Familien und sich oft mit Heiterkeit bewältigt.

Ich weiß von den vielen – sagen wir: nicht berühmten – Frauen, die auf solche Weise selbständig und gestaltend ihre Emigration bewältigt haben. Eine Freundin, deren Mann als Intellektueller sich nicht anpassen konnte, hat ein kleines Talentchen, nämlich Malerei, zur Handbemalung von Blusen verwertet und eine andere Frau damit beschäftigt, diese Blusen zu verkaufen. Eine andere eröffnete einen Reinigungsladen, wobei sie mit ihren geschickten Händen die Reinigung selbst machen und so die Einnahmen vergrößern konnte. Ihren in den USA hilflos gewordenen Mann setzte sie an die Kasse und die Annahme der schmutzigen Kleider.

So schnell sind wir zur Sache gekommen. Am Kaffeetisch in ihrer Wohnung, ich auf dem schönsten Platz, dem mit dem Blick über einen kleinen, von Weiden umstandenen Teich, den Feenteich, auf die Außenalster.

Die Räume gefallen mir: viel Platz für Menschen und Bücher. Möbel, die Geschichten erzählen. Es fällt mir schwer, zu glauben, daß für die Weichmanns alle erst im Jahre 1948 beginnen, dem Jahr ihrer Rückkehr aus der Emigration. Ich versuche mir vorzustellen, wie sie in Paris gelebt haben und in New York. Beengt, zwischen fremden Möbeln, zur Untermiete. Mir fallen die Emigrantenwohnungen ein, in denen ich inzwischen war, vor allem die der Männer und Frauen, die nicht zurückgekehrt sind. Einige wohnen noch in derselben Wohnung, die sie in den vierziger Jahren bezogen haben.

In mein Tagebuch habe ich Grundrisse gemalt; Anhaltspunkte, Wegweiser für meine Erinnerungen. Dazu ein paar Notizen. Bei Gisela Graf zum Beispiel steht: »voll, eng, einladend, bescheiden; über dem Küchentisch ein Weißwurst-Bier-Bild«. Ich sehe drei kleine Räume nebeneinander, alle drei gehen auf die Straße, die dunkle Hillside Avenue im Norden Manhattans. Heute eine gefährliche Gegend, früher vorstädtisch, still und grün. Viele Emigranten wohnen hier oben, es mag ihnen »europäischer« erschienen sein als Manhattan downtown. Drei kleine Räume plus Bad: erst die Küche, dann ihr Zimmer, dann sein Zimmer – der Raum, in dem Oskar Maria Graf im New Yorker Exil lebte und arbeitete.
Seit seinem Tod (1967) ist Gisela Graf allein in der Wohnung, die mir für eine Person die richtige Größe zu haben scheint. Und doch ist es so, als lebten immer noch zwei Menschen in ihr. An der Garderobe hängen Kleidungsstücke ihres Mannes. Sein Arbeitszimmer sieht aus, als habe er es eben verlassen. Und den Schlüssel, mit dem sie mir am Ende eines langen Abends die Haustür aufschließt, holt sie aus seiner Jackentasche.
Oskar Maria Graf ist gegenwärtig. Dabei ist diese Wohnung alles andere als museal. Sie sieht benutzt aus, sie wird benutzt. So wie sie werden viele Emigrantenwohnungen ausgesehen haben, gerade in New York.
Emigrantenreichtum, wenn überhaupt, gab es nur in Kalifornien.

– In New York gab es keine Villen und keine Salons, sondern Elend. Unser Salon war ein Haarfärbesalon.

Charlotte Beradts Stimme klang nicht bitter, als sie das sagte. Manche Erinnerung amüsiert sie noch heute, wie die an die abendlichen Feste in ihrem »Frisiersalon«, der in Wirklichkeit ein Kellerloch war:

»Und manchmal wurde abends im ›Salon‹, wenn er frei war, gefeiert; die Haare schnell zusammengefegt, der Arbeitstisch in die Mitte gerückt, es gab gut zu essen, es wurde viel gelacht. Frau Hedwig Fischer, die Witwe des Verlegers, erklärte unsere Feste als den Ihren in Berlin, in der Villa im Grunewald, mit den vielen Berühmtheiten, ebenbürtig; jedenfalls machten sie sie fröhlich . . .«

Schöne Abende, notwendige Abende. Träume vom Vergangenen. Es geht weiter!

»Die Abende (. . .) waren angenehm, man traf dort Menschen von Verstand und Geschmack, man machte ein bißchen Musik, man schwatzte, man leistete es sich, die Dinge nicht aus der egozentrischen Perspektive des heruntergekommenen Emigranten anzuschauen, sondern aus der Höhe.«

Ein Salon in Paris im Jahre 1935. Die Beschreibung stammt aus Lion Feuchtwangers Roman *Exil,* es ist der Salon von Anna Trautweins Freundin Gertrud Simmel. Feuchtwangers Erfindung wird viele Entsprechungen in der Realität gehabt haben, in Europa wie in Amerika, die ärmlichsten in New York, die luxuriösesten in Kalifornien, dem Zentrum der sogenannten »Nobelemigration«.

– Nobel-Emigration? – Der Begriff mag stimmen, solange man nur an Lion Feuchtwanger, Thomas Mann oder Franz Werfel denkt. Doch was war mit Brecht, mit Polgar, mit Heinrich Mann?

– Es war nicht einfach, sagt Charlotte Beradt. Sie kennen doch das Brecht-Gedicht: »Jeden Morgen, mein Brot zu verdienen, gehe ich auf den Markt, wo Lügen gekauft werden.« Der hat sich ganz schön abgestrampelt. Lesen sie den *Kaukasischen Kreidekreis*. Da werden Sie einiges finden über das Exil.

»Warum liebt man die Heimat? Deswegen: Das Brot schmeckt da besser, der Himmel ist da höher, die Luft ist da würziger, die Stimmen schallen da kräftiger, der Boden begeht sich da leichter ... Ist es etwa gleich, was für ein Baum neben dem Haus steht, wo man geboren ist? Oder was für Nachbarn man hat, ist das gleich? Wir wollen zurück ...«

Brecht schrieb das in einem geräumigen weißen Holzhaus, baumumstanden. Es schien mir das schönste zu sein in der langen 26th Street in Santa Monica. Ein paar Ecken weiter, in der Montana Avenue, verbrachte Heinrich Mann in einer bescheidenen Etagenwohnung seine letzten Lebensjahre: »Hier misse ich nichts und erwarte nichts.« – »Ich bin in fünfzig Jahren nicht so übersehen worden.« – »Ich sitze und warte auf Dollars.«

Ich denke es, als ich vor dem Haus stehe.

Die Frau, die mir auf mein Klingeln hin öffnet, hat noch nie etwas von Heinrich Mann gehört. Mich die Wohnung besichtigen lassen will sie auch nicht. Ich sehe an ihr vorbei in den dunklen Flur. Zwei Zimmer, Küche und Bad, schätze ich.

Lion und Marta Feuchtwanger waren die letzten, die Heinrich Mann in dieser Wohnung besucht haben. Seine treuesten Freunde, sein Halt nach dem Tod seiner Frau Nelly (1944). Marta Feuchtwanger:

– Er hat furchtbar gelitten. Thomas Mann und ich, wir haben ihn dann hierher geholt. Er hat in Hollywood gewohnt, wir haben ihn nach Santa Monica geholt.

Lion und ich haben uns um ihn gekümmert, ihn besucht. Thomas Mann nie, aber Frau Thomas Mann. Aber er hat sie nicht leiden können, denn sie hat seine Frau nicht leiden können. Da war ein sehr kühles Verhältnis.

Wovon hat Heinrich Mann in Kalifornien gelebt? Nachdem der Vertrag mit den Filmstudios ausgelaufen war, von dem, was seine Frau als Büglerin verdiente, aber das reichte natürlich nicht, und

– es war so, daß man die Leute unterstützt hat, und sie wußten es gar nicht. – Es gab da einen Europäischen Filmfonds, den die Frau von William Dieterle und Liesl Frank gegründet hatten. In den wurde Geld eingezahlt von Leuten, die gut verdienten, für die, die schlecht verdienten. Als der Filmfonds dann aufhörte, hat mein Mann die Zahlungen an Heinrich Mann weiter aufrechterhalten. Aber Heinrich Mann hat nie gewußt, daß das Geld von meinem Mann kam. Er hat immer gedacht, es käme von diesem Filmfonds.

– Ja, Feuchtwanger hat viel Gutes getan, bestätigt mir auch Charlotte Beradt. Er hat viele Emigranten unterstützt. Und Lola Humm-Sernau, seine Sekretärin in München und im europäischen Exil, berichtet: »Feuchtwanger versuchte zu helfen, wo er konnte. Aber allen helfen konnte er nicht . . .«

Lion Feuchtwanger gehörte zu den wenigen gutverdienenden Schriftstellern im Exil. Er war ein Bestsellerautor, bereits vor der Emigration international bekannt. Was er schrieb, fand nach wie vor sein Publikum. Etliche Romane wurden verfilmt, die meisten in zahlreiche Sprachen übersetzt.

Eine Abteilung seiner berühmten Bibliothek war von jeher für diese Übersetzungen reserviert: sein ganzer Stolz. Lola Humm-Sernau berichtet:

»Als zum Beispiel Toller zum ersten Mal da war (in Sanary, d. Verf.), da sagten alle: Toller, passen Sie auf, der Feuchtwanger wird sie gleich in die erste Etage führen, wo all seine Bücher sind, und Ihnen zeigen, in wie viele Sprachen er übersetzt ist. Und da habe ich zu ihm gesagt: Lion, tun Sie es doch bitte nicht! – Aber er war darin wie ein Kind, das seine Zinnsoldaten vorführen will.
Er war eigentlich gar nicht eitel, aber es hat ihm so Freude gemacht . . . Seine Bücher auf chinesisch und so.«
Sehen Sie, sogar ins Chinesische ist er übersetzt worden! Marta Feuchtwanger tippt begeistert auf die Schriftzeichen. Ich staune pflichtschuldigst, aber auch ehrlich. Tatsächlich. Alles ist so, wie mir vor diesem Besuch vorhergesagt wurde.
Marta Feuchtwanger, mit über neunzig Jahren bereits zu Lebzeiten eine Legende, ist eine äußerst lebendige Frau. »Beeindruckend«, hatte sie ihre Freundin Gina Kaus – eine deutsche Schriftstellerin im kalifornischen Exil – genannt, und Hedda Korsch, die bei New York lebende Witwe Karl Korschs, hatte sie als »ungeheuer prächtig« in Erinnerung: Nach dem Tod ihres Mannes habe Marta Feuchtwanger einen orientalischen Geschmack entwikkelt. Sie kleide sich seitdem in schöne Brokate und Seidenstoffe. Eines Abends sei sie ihr auf einer Gesellschaft begegnet, Marta in einem wunderbaren Sari-ähnlichen Kleidungsstück und darüber eine goldbestickte Jacke. Als ein junger indischer Arzt, der auch eingeladen gewesen sei, sie erblickt habe, sei er auf sie zugeeilt und habe gesagt: Wonderful to meet somebody from home here so very far! – Worauf Marta sich umgedreht und gefragt habe: Are you also from Bavaria?
Hedda Korsch mußte lachen, als sie mir von ihrem Erlebnis erzählte. Zugleich aber betonte sie, wie sehr sie

Marta Feuchtwangers Tatkraft und Hilfsbereitschaft schätzte.
Und auch Victoria Wolf – eine in Los Angeles lebende Kollegin von Gina Kaus –, die sich noch an Zeiten zu erinnern glaubte, in denen Marta Feuchtwanger die Bibliothek nur vom Abstauben der Bücher her kannte, hatte einräumen müssen, daß sich Lion Feuchtwanger wahrscheinlich keine bessere und kompetentere Nachlaßverwalterin hätte wünschen können als seine Frau.
Ich war vorbereitet. Ein übriges hatte das zweiteilige Fernsehgespräch getan, das Reinhard Hoffmeister mit ihr für die ARD-Reihe »Zeugen der Zeit« (Januar 1980) geführt hatte. Uneitel und selbstbewußt, welt- und lebenserfahren gab Marta Feuchtwanger darin Auskunft über ihr Leben, vor allem aber über das ihres Mannes.
Eine schöne Frau: In ein golddurchwirktes Tuch gehüllt, die Haare straff aus dem wachen Gesicht gekämmt, klare, helle Augen, stand sie aufmerksam Rede und Antwort. Ihre Stimme klang süddeutsch warm. Ich sah sie gern an und hörte ihr gern zu. Was würde sie sagen, wenn ich mehr nach ihr und weniger nach ihm fragte?

Im Juni 1980 war es soweit: Sie öffnet mir die Tür, um die Schulter das golddurchwirkte Tuch gelegt, das ich bereits kenne. Es ist ihr Lieblingstuch. Sie mag seinen warmen Goldton.
Auf ihren Wunsch hin habe ich ihr die Kassette des Fernsehgespräches mitgebracht, und während wir es überspielen, führt sie mich im Haus herum, durch die Bibliothek und zu den Büchern ihres Mannes. Zuerst zu den Übersetzungen.
Wie ihr Mann, denke ich.
– Immer, wenn Lion ein Buch an den Film verkauft

hatte, ist er gegangen und hat schnell Bücher gekauft. Und ich bin in die Baumschulen gegangen und habe Pflanzen gekauft, weil ich gesagt hab', zum Buchdrukken braucht man Papier, und Papier wird aus Bäumen gemacht.

Wir lachen uns an: auch eine Form der Zusammenarbeit – Lion, der Künstler, und die praktische Marta.

In ihren Lebenserinnerungen schreibt sie: »Ich war seine Frau, und er brauchte mich.«

Ich frage, ob es auch andere Formen der Zusammenarbeit gegeben habe.

– Ja. Er hat mir alles vorgelesen. Ich war seine strengste Kritikerin. Von Anfang an. Manchmal hat er sich dann geärgert und alles in die Schublade geworfen und gesagt: Ich les' dir nie wieder etwas vor. Und am nächsten Tag hat er dann gesagt: Ich glaub', du hast recht gehabt.

– Waren Sie je ein Vorbild für die Romanfiguren?

– Eigentlich komme ich in jedem Roman vor, aber immer nur teilweise. Er hat immer gesagt, ich sei zu kompliziert, er könne mich nicht in eine Figur pressen, aber in jeder Figur ist irgendeine Seite von mir gewesen.
  Im Josephus kommen drei Frauen vor, und jede hat was von mir: Die eine paßt auf, daß er gut ißt, und auch seinen Salat gut ißt; sie schreibt einen hebräischen Brief an Josephus, daß er sich auch richtig ernähre. Die andere, die hat vor allem einen besonders schönen Gang. Und die dritte Frau, die hat er nach meinem Aussehen geschildert, aber die hat weniger von meinem Charakter gehabt. Ich hatte damals so ein schmales Gesicht mit hohen Backenknochen, und man hat gefunden, ich sähe wie eine Eidechse aus. – So ist immer irgendwo etwas drin.

– Und wie ist das im Roman *Exil*? Das ist ja auch die Geschichte der Ehe von Sepp und Anna Trautwein . . .
– Aber das hat wenig mit uns zu tun. Das ist wenig biographisch. Der Sepp ist sehr geschildert nach einem Freund von uns. Professor Emil Gumbel, ein Statistiker aus Heidelberg.
– Und was ist mit Anna Trautwein?

Nein, sie sei die Ausnahme unter Lion Feuchtwangers Frauengestalten; das sei nicht sie, sondern
– eine Zusammenfassung von vielen Frauen, die so hätten handeln können . . .

. . . um dann Selbstmord zu begehen?
Ich frage es mich immer noch, und ich erinnere mich, wie sehr mich Marta Feuchtwangers Antwort irritiert hat: Einerseits fühlte ich mich bestätigt und andererseits durchschaut in meinem Wunsch nach einer Bestätigung.

– Wie handeln? frage ich Marta Feuchtwanger.

Die Antwort:
– Die Männer auf dem geraden Weg halten, daß sie nicht zuviel riskieren und von den eigenen Arbeiten abgelenkt werden.

Wahrscheinlich ist es das, denke ich, woran Anna schließlich zerbricht: der Versuch, den Mann auf dem »geraden Weg« zu halten in »ungeraden Zeiten«. Doch das hieße, daß nämlich sie – die Frau –, die sich vermeintlich so veränderte, indem sie sich den veränderten Verhältnissen anpaßte, im Grunde das konservative, das bewahrende Element in der Mann-Frau-Beziehung war; daß sie es womöglich war, die den Mann an Entwicklung und Veränderung hinderte, indem sie ihm abnahm, was ihn hätte verändern können. – Sie als das Ende seiner Möglichkeiten und nicht er als das Ende der Ihren?

– Und Sie, Frau Feuchtwanger, wie haben Sie gehandelt?
– Ich war immer Hausfrau. – Eigentlich waren wir alle gute Hausfrauen. Es gab keine Frau (außer wenn sie eine Schriftstellerin wie Anna Seghers war), die eine eigene Rolle gespielt hätte . . .

Und dann beginnt sie zu erzählen vom gemeinsamen Leben mit Lion: wie er schrieb und sie alles tat, was nötig war, damit er in Ruhe schreiben konnte. Die Organisation des Alltags war ihre Aufgabe: Sie war es, die die gemeinsamen Häuser fand und einrichtete; sie legte die Gärten an und säte die Kräuter, damit er genug Vitamine bekam; sie bereitete die Schonkost für ihn und sorgte dafür, daß er genug an die frische Luft ging und regelmäßig seine Wäsche wechselte; und sie schließlich war es, die ihn unter Einsatz des eigenen Lebens davor bewahrte, unters Auto zu kommen, und deren Initiative er seine Freilassung aus dem französischen Internierungslager »Les Milles« verdankte.

Wie gesagt: »Ich war seine Frau, und er brauchte mich.«

Marta Feuchtwanger hat ihre Biographie *Nur eine Frau* genannt.
– Ich wollte immer nur die Frau von Lion Feuchtwanger sein.

Das hatte sie auch zu mir gesagt, auf meine Frage, ob sie je Tagebuch geführt hat. – Nein, sie habe sich gar nicht so ernst genommen.
– Wieso?

– Meine Eltern haben mich so klein gemacht. Ich hab' gar nicht an mich geglaubt.
– Und heute?
– Heut nehm' ich mich auch noch nicht ernst.

So nah können Koketterie und Bescheidenheit beieinanderliegen. Nah wie Dichtung und Wirklichkeit.

Nur eine Frau, »seine Frau«, wollte auch Anna Trautwein sein und starb daran.
Was sie – nach dem Willen ihres Schöpfers Lion Feuchtwanger – das Leben kostete, gibt dem Leben seiner Frau erst richtig Sinn – und vielleicht heute, wo nichts anderes als der Tod zwischen ihnen steht, mehr denn je.
Keine Wirklichkeit stellt Marta Feuchtwangers Modell des Zusammenlebens von Mann und Frau in Frage. Sie allein verwaltet ihre Erinnerungen, und sie allein gibt ihnen ihren Sinn. Wenn sie von sich berichten soll, berichtet sie von ihm, dem Mann. Sein Werk ist ihr Werk. Sie hat dafür gelebt und tut es immer noch. Sie garantierte ihm Inspiration, künstlerische Beratung und gesunde Ernährung, damit er schreiben konnte. Sie pflanzte Bäume, damit er Papier hatte für das, was er schrieb.
So jedenfalls stellt es sich in ihrer Erinnerung dar.
Ein Name fällt nie, wenn Marta Feuchtwanger über die Vergangenheit spricht: Lola Humm-Sernau. In Deutschland schon – seit 1926 etwa – und dann im französischen Exil in Sanary (1933 bis 1940) war sie Lion Feuchtwangers engste Mitarbeiterin und Vertraute. Sicher ist, daß sie bis 1940 maßgeblich an der Entstehung seiner Bücher beteiligt war. Sie recherchierte für ihn, sie diskutierte mit ihm, sie schrieb auf, was er diktierte. Ein Leben für die Kunst und ihn, den Künstler. Die Ehe, die sie 1937 einging, existierte nur auf dem Papier. Eine Paßheirat,

durch die Lola Humm Schweizerin wurde. Als Lion und Marta Feuchtwanger nach Amerika emigrieren, blieb sie – durch ihren Schweizer Paß geschützt – in Sanary, um Feuchtwangers wertvolle Bibliothek (etwa ein Zehntel seiner heutigen) in Kisten zu verpacken und ihm nachzuschicken. Erst danach wollte sie dem Paar in die Staaten folgen. Amerikas Kriegseintritt (Dezember 1941) zerschlug diese Hoffnung endgültig. Lola Humm-Sernau blieb in Europa. Feuchtwanger hatte indessen eine neue Sekretärin gefunden: Hilde Waldo.

Die Trennung, nur auf wenige Wochen berechnet, dauerte siebzehn Jahre. In einem Fernsehinterview 1982 erzählte Lola Humm-Sernau: »Wir haben uns 1940 getrennt im Haus des amerikanischen Konsuls und nahmen an, wir treffen uns in drei Wochen in New York wieder. Und dann haben wir uns 1957 in Los Angeles wiedergesehen. – Anfang Oktober fuhr ich von hier (1940, Sanary, d. Verf.) in die Schweiz. Ich hatte einen Schweizer Paß und konnte jederzeit weg. Eigentlich wollte ich in Marseille auf mein amerikanisches Visum warten, das mir zugesagt war, aber der Konsul riet mir, nach der Schweiz zu gehen, da ich ja nicht in Danger war und mir ein Danger-Visum nicht zustand. Damals war ich verzweifelt. Der Lion schrieb mir verzweifelte Briefe, was er alles für mich tut. Ich müsse wahrscheinlich erst über Mexiko, ehe ich weiterkäme. Ununterbrochen geschah etwas, bis Amerika in den Krieg eintrat, und da wußte ich, nun ist es aus, nun komme ich nicht mehr hin. Und da war ich ziemlich verzweifelt (...) Rückblickend muß ich sagen, daß ich sehr froh bin, nicht nach Amerika gekommen zu sein. Sosehr ich es bedaure, nicht weiter mit Feuchtwanger gearbeitet zu haben, sosehr froh bin ich, in der Schweiz geblieben zu sein (...) 1957 war ich drei

Monate in Amerika (. . .) Das Wiedersehen mit Feuchtwanger war aus verschiedenen Gründen etwas getrübt (. . .) Wir hatten uns sehr lange nicht gesehen, von 1940 bis 1957. Wir hatten auch wenig Gelegenheit, uns allein zu sprechen. Man ließ uns kaum allein. Ich habe nachher gewußt, warum. Er war damals schon sehr krank (. . .) Wir kamen eigentlich nie dazu, richtigen Kontakt wiederaufzunehmen, was sich dann auch in einem Brief, den er mir schrieb, widerspiegelte. Ich war enttäuscht, und er war enttäuscht. Hier habe ich zum Beispiel einen Brief, den er mir schrieb, nachdem ich bei ihm gewesen war und ich ihm gegenüber meiner Enttäuschung Ausdruck verliehen hatte (. . .):
(. . .) Es war eine Enttäuschung für mich, und nicht weniger als für Sie. Die Gründe sind verschiedenster Art. Ich habe darauf gerechnet, mit Ihnen nicht nur über meine äußerlichen Dinge reden zu können, sondern vor allem auch über Probleme, die mich jetzt mehr beschäftigen: über historisch-politische Fragen, über literarische Prinzipien, über Stilistisches, über viele der Bücher, die ich noch schreiben möchte in den wenigen Jahren, die mir noch bleiben. Es gibt sehr wenige Menschen, mit denen ich darüber reden kann. Deshalb hatte ich mich doppelt auf Sie gefreut. Dann sah ich gleich, daß Sie mir zwar die alte – und ich schreibe es platt und etwas altmodisch hin – Liebe bewahrt haben, aber geistig waren Sie mir nicht mehr nahe, und ich konnte mit Ihnen nicht reden. Genug davon.«

Im gleichen Fernsehinterview fiel – bezogen auf das Exil in Frankreich – auch der Satz: »Die Marta kümmerte sich um alles Äußere, und wir saßen da und arbeiteten.« Die Entschiedenheit, mit der Marta Feuchtwanger für sich reklamiert, die einzige gewesen zu sein, läßt ahnen, wie sehr sie unter dieser Teilung gelitten haben mag. Heute hat sie ihren Mann für sich allein. Die Kehrseite ihrer früheren Selbstaufgabe – nur seine Frau zu sein, sonst nichts – heißt auch Vereinnahmung: Er war nur ihr Mann, und sein Werk ist ihr Werk.

Zur Feststellung, daß Lion Feuchtwangers Anna Trautwein in sich zu vereinigen suchte, was in Lion Feuchtwangers Leben zeitweilig zwei Frauen sich teilten – geistige Gefährtin und Alltagsgarantin zu sein –, gehört auch, daß Marta Feuchtwanger meine Frage, ob sie das Vorbild für die Gestalt der Anna gewesen sei, sofort mit »Nein« beantwortete und Lola Humm-Sernau im gleichen Zusammenhang ebensoschnell »Ja, Marta« sagte (und ergänzend hinzufügte, Sepp Trautwein habe das Innere von Lion Feuchtwanger).

So nah der Autor an seiner privaten Wirklichkeit in diesem Roman war, so fern scheint er der Wirklichkeit der Frauen im Exil gewesen zu sein.

Dazu paßt, was die in den fünfziger Jahren aus dem amerikanischen Exil nach Wien zurückgekehrte österreichische Schriftstellerin Elisabeth Freundlich sagte, als ich sie fragte, ob das Schicksal der Anna Trautwein typisch gewesen sei.

– Also, dazu möchte ich eines sagen: daß der Feuchtwanger eigentlich sehr wenig von diesem Alltag gewußt hat. Er hat sich das vorgenommen, und das ist gewiß verdienstvoll, denn damals hat es darüber nichts gegeben; aber aus eigenen Erfahrungen – man kann natürlich auch von fremden Sachen schreiben – hat er recht wenig gewußt.

Gegen diese Aussage spricht, daß Lion Feuchtwanger als gründlicher Rechercheur und als Adressat zahlreicher

Bittbriefe von Männern und Frauen mit den Nöten des Exils gut vertraut war.

Das in die Handlung seines Romans *Exil* eingebettete Kapitel »Trübe Gäste« gibt über die Größe und Erbärmlichkeit des Exils Auskunft:

»Für die meisten bedeutete die freiwillige oder erzwungene Flucht aus Deutschland Preisgabe ihrer Stellung und ihres Vermögens. Denn die Stellung mußte aufgegeben, das Geld zurückgelassen werden. Womit sonst hätte die regierende Partei die Versprechungen halten können, die sie ihren Mitgliedern gemacht hatte, bevor sie ans Ruder kam? So lebten also die deutschen Emigranten zumeist in Dürftigkeit. Es gab Ärzte und Rechtsanwälte, die mit Krawatten hausierten, Büroarbeit verrichteten oder sonstwie, illegal, von der Polizei gehetzt, ihr Wissen an den Mann zu bringen suchten. Es gab Frauen mit Hochschulbildung, die als Verkäuferinnen, Dienstmädchen, Masseusen ihr Brot verdienten.

Wohin immer diese trüben Gäste kamen, waren sie unerwünscht. Der Erdboden und die Arbeit waren verteilt unter Nationen, unter politische und gesellschaftliche Cliquen. Infolge planloser Produktion und sinnloser Verteilung hungerte ein großer Teil der Bevölkerung des Planeten bei gefüllten Vorratskammern und standen trotz Warenhungers und Arbeiterandrangs viele Maschinen still. Länder, in denen neue, fähige Menschen willkommen gewesen wären, gab es nicht mehr. Vielmehr wurden diese fremden Kömmlinge, die Brot und Arbeit wollten, überall mit scheelen Augen angesehen.

Man erlaubte ihnen nicht zu arbeiten, kaum zu atmen. Man verlangte ›Papiere‹ von ihnen, Ausweise. Die hatten sie nicht, oder was sie hatten, genügte nicht. Manche waren geflohen, ohne Papiere mitnehmen zu können, die

Pässe der meisten liefen allmählich ab und wurden von den Behörden des Dritten Reichs nicht erneuert. So hatten es diese Exilanten schwer, bestätigt zu bekommen, daß sie waren, wer sie waren. Das war manchen Ländern ein gelegener Vorwand, sie abzuschieben. Es kam vor, daß Menschen ohne jegliches Papier eines Nachts von den Gendarmen heimlich über die Grenzen des Nachbarlandes und in der nächsten Nacht von den Gendarmen des Nachbarlandes ebenso heimlich wieder zurückgebracht wurden.
Den wenigsten bekamen die Leiden, die sie durchzumachen hatten. Denn es ist so, daß Leiden nur den Starken stärker, den Schwachen aber schwächer macht.«

Zugleich mit der Frage, warum Lion Feuchtwanger gerade eine Frau die Schwache sein läßt, fällt mir ein Satz ein, den ich in Irmgard Keuns Exilroman *Nach Mitternacht* fand:
»Ich muß mich schwächer zeigen, als ich bin, damit er sich stark fühlen und mich lieben kann.«
Gedanken einer Frau beim Überschreiten der Grenze, das Exil vor und Deutschland hinter sich, den Kopf in »seinem« Schoß.
Ob sich die Frauen in Lion Feuchtwangers Leben je schwächer gezeigt haben, als sie waren?

Lola Humm-Sernau lebt heute – an die neunzig Jahre alt – als Übersetzerin in Ascona in der Schweiz. Wie die meisten Emigrantinnen, die ich traf, sieht sie jünger aus, als sie ist: dunkle Haare im Garçonne-Schnitt, die typische Zwanziger-Jahre-Frisur, helle Augen; lebhaft die Stimme und die Gesten, unverblümter als ihre Antworten ihre Fragen. Ob ich bereits bei Marta Feuchtwanger ge-

wesen sei, will sie sofort wissen, was sie gesagt habe und wie ich sie gefunden habe. Wie sie sie findet, verschweigt sie nicht. Eine alte Rivalität.
Marta Feuchtwangers Schweigen war nicht weniger beredt.
Der Teetisch ist im Wohnzimmer gedeckt; Lola Humm-Sernau hat mich erwartet. Ein behaglicher Raum. In einem ihrer autobiographischen Texte hat sie ihn beschrieben: »Hier sitze ich, eine Frau von fünfundachtzig Jahren, in meinem Wohnzimmer und schaue mich um. Sehr elegant ist es nicht, aber doch angenehm. Und da ist auch noch etwas von dem Silber von zu Hause, und da steht eine von den zwei Weinkaraffen, die stets auf der Anrichte im Eßzimmer in Berlin standen; sie ist gerettet, wenn auch beschädigt. Und da hängen Bilder an den Wänden, keine ganz großartigen, aber gute, alle von Freunden für mich gemalt, von Malern mit bekannten Namen, und alles ist harmonisch. Wie ist das möglich?« Möglich nach Zeiten der Unruhe, der Disharmonie, möglich nach den Jahren des Exils, in denen alles verloren schien ...
Wie ist es möglich?
Mit dieser rhetorischen Frage beginnt Lola Humm-Sernau einen ihrer Lebensrückblicke.
In den Texten, die sie mir zu lesen gab, stehe alles, was ich wissen wolle, aus alldem könne ich mir ein Bild machen von ihr.
Sie, die über ein Jahrzehnt lang aufschrieb, was Lion Feuchtwanger ihr diktierte, schreibt nun selbst. Ob sie früher bereits geschrieben habe, fragte ich sie. Nein, nur ein Realitätentagebuch.
Ganz stimmt das nicht. Ein Text von allen ist unterschrieben mit Sanary/Var, 12. Juli 1940. Es ist ein Be-

richt über ihre Internierung in Hyères und Gurs nach dem Einmarsch der Deutschen in Frankreich. Lola Humm-Sernau hat ihn unmittelbar unter dem Eindruck dieses Erlebnisses niedergeschrieben: Skizzen des Alltags im Frauenlager, Schlaglichter auf das Unfaßbare, ebenso knappe wie einfühlsame Porträts von Mitgefangenen; im Ton unsentimental und sachlich, die Erzählperspektive die der teilnehmenden Beobachterin.
Nicht das eigene Schicksal, sondern die kollektive Erfahrung steht im Mittelpunkt ihrer Aufzeichnungen. Dieser Zugriff – nicht selbst die Wichtigste zu sein – bestimmt auch die anderen Texte, die ich von ihr las, allesamt aus der Erinnerung geschrieben und allesamt auf die Begegnung und Zusammenarbeit mit Lion Feuchtwanger konzentriert. In dieser Haltung trifft sie sich – bei aller Verschiedenheit – mit Marta Feuchtwanger.
Im Zentrum beider Leben stand er, und er brauchte beide Frauen.
Lola Humm-Sernau und Marta Feuchtwanger müssen an ihrer Art der Erinnerung festhalten, wenn sie sich nicht lebensgeschichtlich in Frage stellen wollen. Lola Humm-Sernaus Position ist dabei die »schwächere«. Die lebhafte Entschiedenheit, mit der sie von der gemeinsamen Zeit berichtet – gerade so, als wäre alles erst gestern geschehen –, der Nachdruck, mit dem sie auf ihrer Bedeutung für seine Arbeit besteht, die Bereitschaft, mich mit ihren Texten zu versorgen und mir Bilder zu zeigen – »Sehen Sie, und hier war Toller bei uns in Sanary . . .« –, zeigen, wie wichtig ihr dies alles noch ist.

Erinnerungen, Bilder (I):
Im Sommer 1982 lud ich Lola Humm-Sernau zu einem Podiumsgespräch über das Leben von Frauen im Exil

ein. In ihrer Zusage klang ein leises Staunen über meine Einladung mit. Sie schrieb: »Also ich bin ja nur eine Person und keine ›Persönlichkeit‹ in dem Sinne, daß man mich als solche vorstellen könnte. Ich bin lediglich einer der wenigen noch lebenden Relikte aus jener Zeit, das für die Jetztzeit interessant zu werden scheint« (3. August 1982).
Auch sie – nur eine Frau?
August 1980.
Wir sitzen nebeneinander. Auf dem Wohnzimmertisch vor uns hat Lola Humm-Sernau Fotos ausgebreitet, Erinnerungen an Sanary. Zu jedem Foto weiß sie eine Geschichte. Ihre Charakterisierungen sind knapp und treffend, witzig und ironisch. Sie ist eine gute Beobachterin, unaufdringlich und genau. Dabei scheut sie sich nicht zu sagen: Den mag ich, und den mag ich nicht. Heldenverehrung ist nicht ihr Fall, geistreicher Klatsch schon eher. Und warum sollte sie nicht erzählen von den großen und kleinen Rivalitäten in Sanary: von dem ständigen Streit zwischen Ludwig Marcuse, Robert Neumann und Friedrich Wolf und vom Kollegenneid auf Feuchtwanger, den die meisten für überschätzt hielten . . .
Während sie spricht, zieht sie von Zeit zu Zeit mit einer schnellen Bewegung die Lippen leuchtendrot nach. Sie sollte ihre Biographie schreiben, denke ich. Sie hat es vor.

Erinnerungen, Bilder (II):
Juni 1980.
Letzter Abend in Pacific Palisades, letzter Gang durchs Haus. Das habe sie alles allein eingerichtet, sagt Marta Feuchtwanger. Die Möbel würden zum größten Teil aus Secondhandabteilungen von Kaufhäusern stammen, lau-

ter Gelegenheiten. Die Amerikaner hätten sich damals gerade ganz modern eingerichtet, und so habe sie diese schönen Stücke für ein paar Dollar bekommen können. Sie und Lion hätten ja nichts gehabt bei ihrer Ankunft, nur ihre Schlafsäcke. Sie lacht. Fünfzig Jahre alt muß sie damals gewesen sein.

Später sitzen wir nebeneinander auf der Terrasse, unter uns der Pacific. Sie zeigt auf den Garten, er ist üppig grün; ihr Werk. Bäume, Büsche, Blumen, alles habe sie selbst angepflanzt, sogar eine Kräuterecke gäbe es, in der nur Kerbel fehle, aber den habe sie bis heute in Los Angeles nicht auftreiben können. Wozu Kerbel? Für eine Suppe zum Beispiel; und schon sprechen wir übers Kochen. Ob sie für sich allein koche, will ich wissen. »Ja«, antwortet sie und später dann »Nein« auf meine Frage, ob ihr das Alleinsein in dem großen Haus schwerfalle. Sie habe doch ihre Bücher, sie kümmere sich um den Nachlaß ihres Mannes, empfange Gäste, darunter oft Studenten, die über ihren Mann arbeiteten, und veranstalte Führungen. Für die Führungen übrigens habe sie vor einiger Zeit die Ehrendoktorwürde von der USC (University of Southern California) verliehen bekommen. Sie habe wirklich genug Zerstreuung. Und außerdem: Ganz allein sei sie gar nicht. Sie habe ja eine Schildkröte, einen Mann, einen Schildkröterich; der käme, wenn sie ihn riefe. Sie ruft ihn. Marta Feuchtwanger hebt ihn auf und hält ihn im Arm. Ich lege meine Hand auf seinen Panzer. Das gefalle ihm, sagt sie, er spüre so den Druck meiner Hand. Das Tier liegt unbeweglich da. Schweigen. Die Frau mit dem Eidechsenprofil, auf dem Schoß ihre Schildkröte ...

Es ist sehr spät, als ich gehe, und es ist plötzlich kühl geworden. Marta Feuchtwanger will mir ein Tuch leihen

oder eine Jacke. Ich könne es ihr doch morgen zurückbringen. Aber morgen reise ich ab.
Einen Monat später schreibe ich ihr einen Dank- und Erinnerungsbrief. Ich lege ihm ein Tütchen Kerbelsamen bei. In ihrer Antwort schreibt sie: »Bei all dem darf ich aber Ihre Kerbelsamen nicht vergessen. Daß Sie sich an unser Küchengespräch und gerade dieses Kräutlein erinnerten, ist mehr als ich erwarten konnte, und verdient einen Cordon Bleu aus meiner Feder. Was für ein gutes Süppchen werde ich mir daraus kochen. Aber nicht vor dem Winter und vor dem ersten Regen kann ich den Samen pflanzen, ohne den Stundenplan der Natur zu stören« (10. August 1980).

Marta Feuchtwanger und Lola Humm-Sernau – die Vorbilder für Lion Feuchtwangers Anna Trautwein?
Anna Trautwein – ein typisches Frauenschicksal im Exil?
Ich werde andere Frauen fragen. Zum Beispiel Elsbeth Weichmann.

Zurück zum Anfang.
Hamburg, Frühjahr 1983.
Elsbeth Weichmann und ich sitzen uns schon eine ganze Weile gegenüber, als ich sie endlich frage, ob sie Lion Feuchtwangers Roman *Exil* kenne. Nein, sagt sie, sie habe ihn nie gelesen, man habe damals nicht viel Zeit zum Lesen gehabt . . . Aber was das für ein Buch sei und warum ich sie danach frage.
Ich mache ein paar Andeutungen in Richtung »Alltag im Exil, Paris 1935« und sage dann, was mich am meisten an diesem Buch interessiert: die Darstellung der Entwicklung von Anna Trautwein.
Elsbeth Weichmann ist neugierig – »Erzählen Sie mir da-

von!« –, und so erzähle ich ihr die Geschichte von Anna und Sepp Trautwein.
Sie hört mir gespannt zu.
Als ich fertig bin, frage ich: Wie gefällt Ihnen Anna Trautwein? Ist ihr Schicksal typisch für Frauen im Exil?
Ihre Antwort kommt ohne Zögern.

– Das würde ich nicht sagen. Es ist das typische Schicksal einer Frau, die zu einer sehr großen Selbstaufgabe fähig ist in ihrer Liebe, aber den Weg aus dieser Selbstaufgabe zu sich selber nicht mehr gefunden hat. Da gab es selbstverständlich eine Reihe von Frauen, die dieses Schicksal erlebt haben. Aber soviel ich mich erinnere, hat doch die Mehrzahl der Frauen ihr Schicksal – und den Mann – gemeistert.

Woran Elsbeth Weichmann sich erinnert, bestätigten mir viele Emigrantinnen, mit denen ich sprach: Die meisten Frauen begegneten den Herausforderungen des Exils mit Mut und Stärke, mit Zuversicht und Überlebenskraft. Sie stellten sich der Realität und waren anpassungsfähig.
Alfred Kantorowicz sah das im Zusammenhang damit, »(. . .) wie tapfer, aber auch wie zäh gerade Frauen in Notzeiten sind (. . .) Im allgemeinen hatten sie umsichtiger und entschlossener gehandelt als viele Männer. Selbstmorde unter ihnen waren kaum vorgekommen.« Dieser Feststellung entspricht, was er in seinem im französischen Exil entstandenen autobiographischen Text *Alltag in der Emigration* über seine Lebensgefährtin schreibt: »Der Tag ließ sich günstig an. Seit einer Woche hatte seine tapfere und anmutige junge Frau Abschreibearbeit in einem Büro aushilfsweise erhalten; gestern war ein Vorschuß gezahlt worden. Sie ließ ihm beim Fortgehen zehn Francs auf dem Tisch – ›für die Nacht‹, wie er zynisch witzelte, indem er schon, voll schlechten Gewis-

sens, denn es war bereits nach neun Uhr, aus dem Bett sprang.«

Ganz deutlich, wenn auch erst in einem Erfahrungsbericht aus dem Jahre 1980, sagt es Ernest Bornemann: »Die meisten unserer großen Autoren wären im Exil verreckt, wenn die Frauen sie nicht irgendwie durchgefüttert hätten.«

Doch solche Aussagen zur Bedeutung der Frauen in der Emigration sind die Ausnahme. Die Regel ist das Schweigen. Das Exil der Frauen ist nicht nur eine Leerstelle in der Forschung, sondern auch in den Texten aus dem Exil. Und daß Frauen das Wort ergreifen, ist immer noch selten. Eine von ihnen ist Elsbeth Weichmann.

Sie beschreibt ihr Leben im Exil in ihrem Bericht *Zuflucht – Jahre des Exils.* Er beginnt mit einer Eisenbahnfahrt in die Freiheit, mit der Flucht ins Ungewisse.

»Oktober 1933. Der Zug Basel–Paris setzt sich langsam in Bewegung, rollt auf sicheren Schienensträngen immer weiter fort aus dem Land, das uns ausgespien hat. Der Nazi-Terror rückt in sicherem Rhythmus in die Ferne. Wir – Herbert und ich – haben überlebt.

Die ersten Reaktionen auf eine gelungene Flucht, wie wir sie später noch einige Male erlebt haben, sind nicht von rationalen Überlegungen geprägt. Emotionale Spannungen herrschen vor; Triumph- und Befreiungsgefühle bis zu Niemandsland-Ängsten und einem grauen Verlorensein im Unbekannten. Bilder der Vergangenheit jagen sich, ballen sich, fließen wieder auseinander, verdichten sich zu neuen Erinnerungen, die wiederum von anderen verdrängt werden. Alle sind schmerzlich und unfaßbar. Dazwischen stehen die immer wieder bedrängenden Fragen: Zu welcher Art von Zukunft können wir noch Vertrauen finden? Was haben die vergangenen Ereignisse uns genommen oder gelehrt? Wie können Schmerz, Enttäuschung und der Verlust jedes Grund und Bodens, materiell und geistig, je bewältigt und zu neuen Lebensinhalten verarbeitet werden? Was werden wir aus diesem nun wurzellos gewordenen Leben machen, nachdem die Flucht, das eine, alles beherrschende Ziel, uns gelungen ist.«

Die literarische Entsprechung zu dieser Erinnerung steht bei Irmgard Keun:

»Wir fahren durch die Nacht, alle Lichter fahren schwebend mit. Mein Kopf liegt in Franz' Schoß. Ich muß mich schwächer zeigen, als ich bin, damit er sich stark fühlen und mich lieben kann.

Ich bin müde, Franz. Seine Hand liegt auf meinem Gesicht und macht mich glücklich. Ich habe ihn im Kohlenkeller eingeschlossen. Und als ich ihn herausholte, war er nicht gestorben. Vielleicht hat er Haß gehabt und Wut, vielleicht war er voll dumpfer trauriger Gleichgültigkeit. Daß er nicht gestorben ist, ist Liebe genug für mich.

Ist die Grenze ein Strich, was ist sie? Ich verstehe es nicht. Ein Zug hört auf zu fahren, das ist die Grenze. Männer kommen, machen Koffer auf, suchen und wühlen – Grenze heißt Angst haben.

Der Zug fährt wieder, mein Hundertmarkschein fährt, Franz fährt, alles fährt mit, ich bin glücklich, wir sind gerettet, wir werden leben.

›Die Dächer, die du siehst, sind nicht für dich gebaut. Das Brot, das du riechst, ist nicht für dich gebacken. Und die Sprache, die du hörst, wird nicht für dich gesprochen.‹ Franz' Arme halten mich fest, sein Atem ist ein Strom von Liebe. Der Zug fährt nicht auf Schienen, er schwimmt über ein Meer von Glück.

Die Bank ist furchtbar hart und unbequem, aber du bist

bei mir. Und jetzt wollen wir schlafen. Wenn wir aufwachen, brauchen wir Kraft. Noch scheinen Sterne hinter wolkigen Nebeln. Morgen laß Sonne sein, lieber Gott.«
So endet der im Exil entstandene Roman *Nach Mitternacht,* die Geschichte des Kleinbürgermädchens Susanna Moder, die – wechselnd zwischen Erinnerung und aktuellem Erleben – erzählt, wie es zu ihrer Flucht aus Nazi-Deutschland kommt; und das alles, ohne zu wissen, was Faschismus ist, und ohne jede Ahnung von politischen Zusammenhängen. Allein ihre Alltagserfahrungen, ihre Beobachtungen sind es, die sie zur Erkenntnis führen, daß ein »richtiges Leben im falschen« nicht möglich ist, und damit zur Flucht.
Bei Elsbeth und Herbert Weichmann war das anders. Die erfahrenen Sozialdemokraten – er war Ministerialrat im Preußischen Staatsministerium und zeitweilig persönlicher Referent Otto Brauns – wußten, was die Machtübernahme durch die Nationalsozialisten für sie bedeutete. Fortan bestimmte die Angst vor Verfolgung und Verhaftung ihren Alltag; ein Versteckspiel auf Leben und Tod. Dennoch fiel es ihnen schwer, Deutschland zu verlassen. »Wir hatten Angst, aber noch nicht den Mut zur Angst, der Konsequenzen verlangt: Über Niemandsland abzuspringen, alle Brücken zum bisherigen Leben, zur eigenen Identifikation abzubrechen – das war ein Entschluß, der viel Kraft abverlangte. Es brauchte einige Zeit, bis wir diese Kraft aufbrachten, ein Land zu verlassen, in dem wir ein gläubiges und verantwortungsvolles Leben meinten aufgebaut zu haben.«
Erst als immer mehr ihrer Freunde verhaftet werden, entschließen sich die Weichmanns zur Flucht. Zu Fuß gelangen sie über das Riesengebirge in die Tschechoslowakei. Für die gebürtige Tschechin Elsbeth Weichmann ist es

eine Heimkehr in den Schoß der Familie. Sie und ihr Mann werden mit offenen Armen empfangen. Sie können in Ruhe überlegen, wie es weitergehen soll. Ein Zufall kommt ihnen bei ihrer Entscheidung zu Hilfe.

– Das Prager Tagblatt gab meinem Mann den Auftrag, Frankreich im Handelsteil zu vertreten. Das war eine Freundschaftsaufforderung. Es war kaum bezahlt, denn das Tagblatt hatte nicht das Geld, noch einen zweiten Korrespondenten in Paris zu bezahlen. Es war eine formelle Bezahlung, der Mindestbetrag. Aber wir haben es als Fingerzeig des Schicksals angesehen: Jetzt geh nach Frankreich, und setz dich durch! Der große Vorteil, den diese Korrespondentenposition mit sich brachte, war, daß wir uns nicht wie die anderen Emigranten um eine Aufenthaltserlaubnis und eine Arbeitsgenehmigung bemühen mußten. Wir waren Ausländer mit einem Auftrag in Frankreich. Das hat uns viele technische Schwierigkeiten, aber auch viele Depressionen erspart. Denn es war eine qualvolle Situation, dieses Anstehen um die Bescheinigungen, dieses Ausgeliefertsein an irgendeinen wohlwollenden oder nicht wohlwollenden Beamten.

Weichmanns sind eine Ausnahme. Elsbeth Weichmann weiß das und auch, wie viele glückliche Zufälle diese Entwicklung bestimmt haben. Teilnahme und Verständnis für das Schicksal glückloserer Flüchtlinge klingt in allem, was sie berichtet, durch. Wer hatte schon so gute Startbedingungen wie sie! Dazu kamen der starke Zusammenhalt zwischen den Eheleuten und die Möglichkeit zur gleichberechtigten Zusammenarbeit, die falsche Abhängigkeiten gar nicht erst entstehen ließ.

Aus dem Exil in Frankreich wurde für sie nach und nach Leben in Frankreich, eine – sieht man einmal ab vom

besorgten Blick auf die gefährliche Entwicklung in Deutschland – vergleichsweise ruhige und gesicherte Existenz. Die Regel war das nicht.
Die Regel beschreibt Klaus Mann in seinem Exilroman *Der Vulkan,* Untertitel: »Roman unter Emigranten«:
»Ein Transit-Visum durch Belgien wird zum großen Problem, ein Affidavit für die Vereinigten Staaten zum erregenden Thema, die Arbeitserlaubnis in der Schweiz zur ersehnten Gabe des Himmels. Berliner Geschäftsleute fassen den Plan, eine gewisse Sorte von Manschettenknöpfen in Mexiko zu lancieren (. . .) Schriftsteller aus Wien versuchen, Artikel in holländischen und dänischen Publikationen unterzubringen (. . .) deutsche Schauspieler bieten sich in Hollywood an; die Gattinnen vertriebener deutscher Professoren wollen Wiener Cafés in Argentinien eröffnen. Wird es ein Erfolg oder ein Fiasko? Langt das Geld, und wer könnte noch etwas zur Verfügung stellen? Bekomme ich eine Aufenthaltserlaubnis? – Dies sind lebendige Fragen, Lebens-Fragen, dies ist Alltag (. . .)«
Emigrantenalltag. Eine absurde Existenz.

Emigrant sein heißt: »Ein Leben am Rande der Gesellschaft. Ein Leben auf Widerruf. Soziale Deklassierung. Heimatlosigkeit. Ungewißheit. Angst. Chronischer Geldmangel. Flucht von Land zu Land.« So steht es in den Romanen des Exils von Irmgard Keun, Lion Feuchtwanger und anderer; und so sagten es mir immer wieder die Emigrantinnen, mit denen ich sprach. Dabei war ihnen der Stolz anzumerken, es über alle Widerstände hinweg geschafft zu haben. Aber wie?

Was tut eine Rechtsanwältin in einem Land, dessen Gesetze sie nicht kennt?
Was tut eine Ärztin in einem Land, in dem sie nicht praktizieren darf?
Was tut eine Schauspielerin in einem Land, in dem sie keinen Namen hat?
Was tut eine Schriftstellerin in einem Land, dessen Sprache sie nicht spricht?
Die meisten besannen sich auf andere Talente: Die Rechtsanwältin ging servieren. Die Ärztin hütete Kinder. Die Schauspielerin nähte Handschuhe. Die Schriftstellerin färbte Haare.

Verglichen mit ihnen hatte die Volkswirtin Elsbeth Weichmann noch Glück. Jedenfalls solange sie in Frankreich lebte. Mit dem Einmarsch der Deutschen änderte sich das. Zuerst kam die Internierung – Herbert Weichmann war im Männerlager Maisons-Laffitte in der Nähe von Paris, Elsbeth Weichmann wie die meisten Emigrantinnen im Frauenlager Gurs in den Pyrenäen –, dann die Flucht. Ihr gelingt sie mit selbst gefälschten Entlassungspapieren, er klettert in der Nacht nach der Besetzung von Paris über den Stacheldrahtzaun und macht sich auf den Weg nach Gurs, wo er hofft, etwas über seine Frau zu erfahren. Als er hört, daß sie das Lager in Richtung Pau verlassen habe, wandert er weiter nach Pau. So unglaublich es klingt, er findet sie tatsächlich. In Pau trifft er zufällig eine Freundin, die weiß, daß seine Frau postlagernd in Sête zu erreichen ist. Er schickt – so schreibt Elsbeth Weichmann – »postlagernd ein Telegramm nach Sête: ›Bin morgen Mittag Marktplatz Sête.‹
Ab zehn Uhr saß ich auf dem Marktplatz und wartete. Mittags erschien er. Er war wirklich gekommen. Ohne

Zweifel hatte die heilige Odile dieses Wunder des raschen Wiederfindens bewirkt, meinten unsere Zimmervermieterinnen. Ein Wunder war es jedenfalls.«

»Wunder« nennt es Elsbeth Weichmann. Andere Emigrantinnen sprechen von »Zufall« und »Glück«, wenn sie Vergleichbares berichten; erlebt haben es fast alle, das Gefühl der Ausweglosigkeit, des Ausgeliefert- und Verlorenseins, das Gefühl: Nur noch ein Wunder kann uns retten – und dann die Rettung.
Solche Rettungen waren weniger das Resultat von Wundern als das der durch die Erfahrung des Ausnahmezustandes Exil geschärften Sinne – für drohende Gefahren und sich bietende Ausweichmöglichkeiten. Ein »siebter Sinn« gewissermaßen, eine im Spannungsfeld zwischen Mut und Angst entwickelte Sensibilität für »besondere« Situationen.

Solche Ahnung mochte es auch gewesen sein, die die zum Parteivorstand der SAP in Paris zählende Rechtsanwältin Ruth Fabian – nach geglückter Flucht aus dem besetzten Paris auf Zimmersuche in Agen – gerade noch rechtzeitig zu ihrer drei Monate alten Tochter zurückkehren ließ, die sie in der Obhut einer Freundin in der Wartehalle des Bahnhofs wußte.

– . . . und raste zum Bahnhof zurück, und da waren die gerade dabei, abgeführt zu werden. Denn die Wartehalle wurde geschlossen nachts, und die wollten sie gerade in ein Refugés-Lager irgendwohin bringen. Ich hätte meine Tochter nie wiedergefunden, wenn ich zehn Minuten später gekommen wäre. – Das sind die Dinge, die in der Emigration passieren!

Ruth Fabian, die bis zu ihrer Flucht nach Südfrankreich,

zusammen mit ihrem Mann Walter Fabian, in Paris ein Zeitungsausschnitt-Büro betrieb, hat viele solcher Dinge erlebt; lebensbedrohende Situationen oft, aus denen sie nur eine Ahnung oder der Zufall rettete. – Der Zufall?

– Der Zufall als Chance: Denn es ist so, daß die politisch Geschulten und diejenigen, die hier schon Widerstand geleistet oder illegal gearbeitet hatten, Wissende waren und nicht auf jede Sache hereinfielen. Der Prozentsatz der Überlebenden unter den Wissenden ist größer. – Schauen Sie, wenn Menschen aus ihrer Existenz herausgerissen wurden und nur gerade ihr Leben retten konnten – und dann von der französischen Polizei eine Vorladung bekamen –, dann sind sie hingegangen. Das war noch der deutsche Untertanengeist. – Die Politischen sind nicht hingegangen, sondern untergetaucht. Das ist der Unterschied.

Ruth Fabian war eine »Politische«. In Deutschland hatte sie bis Ende 1934 zum illegalen inneren Parteivorstand der SAP gehört (deren heute prominentestes Mitglied Willy Brandt war). Der drohenden Verhaftung durch die Nazis entzog sie sich in letzter Sekunde durch Flucht. In Paris hielt sie sich anfangs mit Gelegenheitsarbeiten über Wasser. Die politische Arbeit in der SAP ging sofort weiter.

1940 – »der reine Wahnsinn in dieser Zeit!« – kam ihre Tochter zur Welt. Ein Wunschkind. – Und für mich das Symbol für »weiblichen Zukunftsglauben« an die besseren Zeiten »danach«. Obwohl durch Annetts Existenz alles komplizierter wurde – Arbeit und Flucht zum Beispiel –, machte Ruth Fabian keinerlei Abstriche von ihren politischen und humanitären Aktivitäten. Das Kind war für sie kein Grund zum Rückzug, sondern ein Grund mehr, für eine andere Welt zu kämpfen.

Ruth Fabian wurde nicht interniert: »Frauen mit kleinen Kindern sind bekanntlich nicht spionagefähig . . .« Sie konnte bis zur Besetzung Südfrankreichs im Jahre 1942 für die Hilfsorganisation »International Rescue Committee« arbeiten, dann floh sie in die Schweiz. Von dort aus leistete sie (nach mehrmonatiger Internierung in Schweizer Lagern) erneut Flüchtlingshilfe für das »International Rescue Committee« und das Schweizer Arbeiterhilfswerk. Sie war es gewohnt, Verantwortung für Idee und Leben zu übernehmen.

Der Zufall als Lebensretter.
Zum Beispiel Hedda Korsch.
Ein Zufall war es, daß die Frau des nach der Machtergreifung in Berlin untergetauchten und später nach England emigrierten KP-Mitglieds und Hochschullehrers Karl Korsch, die bei den »Unabhängigen Sozialdemokraten« organisierte Studienrätin Hedda Korsch – aus dem schwedischen Exil für ein paar Tage nach Berlin zurückgekehrt, um ihre schwerkranke Tochter Sibylle zu pflegen –, gerade nicht zu Hause war, als die Gestapo kam, um sie und ihre Tochter, damals Kommunistin, zu verhaften.
Überlegt organisierten Mutter und Tochter mit Hilfe einiger Freunde innerhalb weniger Stunden die Flucht. Sie entkamen durch die Hintertür, am Vordereingang standen die Wachen der SA.
Hedda Korsch erinnert sich:
– Die Gestapo hatte Wachen vors Haus gestellt . . . Sibylle, sehr klug, hat dann am Hinterausgang gewartet, bis der Sohn unserer Nachbarn aus der Schule kam. Dem hat sie dann einen zum Ball zerknüllten Zettel vor die Füße geworfen, auf dem stand: Mutti soll auf

gar keinen Fall nach Hause kommen und nicht telefonieren. Die Gestapo ist hier. – Der Junge hat dann eineinhalb Stunden an der U-Bahn auf mich gewartet, um mir den Zettel zu geben. Ich bin sofort zu einem Rechtsanwalt und zu einer Quäkerfreundin gegangen. Ich dachte zuerst, wir haben ja nichts getan, vielleicht sollte ich hierbleiben, sie werden uns schon wieder freilassen. Aber beide Freunde haben gesagt: Unsinn! Sie und Sibylle sind so gut wie im KZ. Machen Sie, daß Sie wegkommen! – Ich habe mir dann das Reisegeld gepumpt und Billets gekauft, für Scheveningen und für London, wo mein Mann bereits lebte.
Dann hat die Quäkerfreundin meine Tochter informiert, alles durch den Hintergarten, und die blöden Nazis haben nichts gemerkt. Ja, Glück gehört auch dazu! – Sibylle hat sich dann abends wie ein kleines Dämchen angezogen und ist mit einer kleinen Tasche durch die Hintertür weg – mit zwei prachtvollen SA-Männern am Vordereingang! – Also zum Bahnhof. Wir hatten verabredet, sie solle in den ersten und ich in den letzten Wagen steigen, damit bei einer Kontrolle die Chance bestünde, daß wenigstens eine durchkäme. – Und jetzt wird es schrecklich komisch! Der Zug nämlich, wie alle Züge nach Westen, war überfüllt, und ich konnte keinen Platz finden im letzten Wagen. Ich blieb also im Gang stehen mit meinem kleinen Handkoffer. Als der Schaffner kam, um die Billets zu kontrollieren, fragte er mich, ob ich keinen Platz gefunden habe. Nein, sagte ich, und er versprach, mir einen zu suchen. Nach einiger Zeit kam er wieder und sagte: Ich habe einen Platz für Sie. – Und der war im hintersten Wagen im Coupé, in dem Sibylle saß! Bis Holland haben wir so getan, als ob wir uns

nicht kennen würden. Nach überstandener Paßkontrolle fiel Sibylle in Ohnmacht. Ja, wirklich. – Und die Passagiere wunderten sich – aber nicht, daß sie umfiel, sondern daß ich sie aufsammelte und kannte.

Das muß im Juni 1934 gewesen sein.

Hedda Korsch war damals vierundvierzig Jahre alt, ihre Tochter Anfang Zwanzig.

Zufall und Glück.

Wenn die Juristin Ruth Liepman – heute betreibt sie eine literarische Agentur in Zürich – von ihrem Exil in Holland berichtet, spielt beides eine Rolle; vor allem das Glück.

– Ich habe ungeheures Glück gehabt mit Menschen.

Mehr als einmal fällt dieser Satz in unserem Gespräch. Menschen, denen die dem Widerstand nahestehende Jüdin Ruth Liepman ihr Leben verdankt; Menschen, die sie bei sich versteckten, obwohl sie sich damit in höchste Gefahr brachten, denn ihr Gast wurde steckbrieflich von den Nazis gesucht – als erklärte Antifaschistin, die in Holland zahlreiche Juden vor der Deportation bewahrt hatte.

Zufall und Lebensentscheidung.

Dazu Ruth Liepman:

– Die Welt ist in einem wahnsinnig schlechten Zustand. Und ich glaub' immer noch daran, daß man sie verändern kann (...) Wenn ich über all das mal schreiben sollte, dann nur im positiven Sinne. Von dem ungeheuren Erlebnis des menschlichen Helfens in schwerster Zeit. – Und das habe ich mehr erlebt als andere Menschen. Es hätte ja auch tausendmal schiefgehen können.

Vielleicht habe ich so eine seltsame Auffassung vom

Zufall. Manchmal gehen einem die Augen auf, man steht an einem Kreuzweg und tut zufällig das Richtige. Es war ein Zufall, daß ich damals falsch aus dem Zug gestiegen bin und so zu den christlichen Hochofenarbeitern in Beverwijk (ihre Untertauchadresse, d. Verf.) kam. – Und ich habe den Zufall begriffen. Ich glaube, jeder Mensch wird vor zwei, drei, vier solcher Zufälle gestellt – und daß er sie erkennt, die richtige Wahl trifft, das ist wichtig. Es kommt noch eines hinzu. Ich habe eine ganz lange Zeit gedacht: Ich werde es nie überstehen, aber ich werde es so gut überstehen, wie ich kann. – Und dann habe ich gedacht: Ich muß es überstehen. Ich wollte es überstehen.

Sehr sicher und ganz und gar uneitel betont Ruth Liepman die Bedeutung ihrer gefühlsmäßigen Entscheidungen. Glück und Zufall sind für sie feste Werte, zwar nicht berechenbar, wohl aber etwas, womit man rechnen kann.

Kein Zweifel: Solchem Denken liegt die Überhöhung der eigenen Leistung fern.

Die Gefahr: Dem Vergessenwerden der weiblichen Leistungen arbeitet dieses Denken zu.

Dennoch scheint mir die Fähigkeit, mit Glück und Zufall zu argumentieren, ohne dabei die Verantwortung für das eigene Schicksal zu leugnen, eine Qualität zu sein; den Fragwürdigkeiten einer Existenz im Exil durchaus angemessen.

Daß gerade so antifaschistisch engagierte und aufgeklärte Frauen wie Hedda Korsch, Ruth Fabian und Ruth Liepman, deren Exilbiographien zahllose Beispiele für Mut und Tatkraft, Geschick und Kalkül, Frechheit und Zivilcourage enthalten, in ihrem Lebensbericht auf der Bedeutung der Werte Glück und Zufall bestehen, verdient, festgehalten zu werden, denn es verrät viel von

ihrer Lebenseinstellung. Es zeigt den Wunsch und die Fähigkeit, sich auf Veränderungen einzulassen, und den Mut, neue Wege zu beschreiten.
Wer an den Zufall glaubt, glaubt an die Zukunft, und selbst, wenn das Zweckdenken sein sollte, so schützt es vor dem Gefühl der Ausweglosigkeit. Diese Frauen nehmen es mit ihrem Schicksal auf, sie lernen aus ihm, trotz alledem . . .
»A nous deux maintenant«, sagt Balzacs desillusionierter Rastignac am Ende von *Père Goriot,* und sein Blick fällt dabei auf Paris; eine ungewisse Zukunft.
»Nous deux«, wir beide, ich und die Welt, mit dir nehme ich es auf! – Ein Satz, ein Programm. Wer so spricht, ist längst noch nicht am Ende angekommen.
Die Frauen im Exil hatten die Bereitschaft zum Neuanfang in hohem Maße. Sie veränderten sich mit den veränderten Lebensumständen; sie wuchsen an den Aufgaben, die ihnen die veränderten Lebensumstände stellten.
Und zwar – und das ist wichtig! – nicht nur für und durch den Mann.

Drei Beispiele: Frauen allein im Exil.
Elisabeth Freundlich, promovierte Theaterwissenschaftlerin aus Wien, Jüdin und Sozialdemokratin. Am Tag der Annexion, am 11. März 1938, verläßt sie mit kleinem Gepäck zusammen mit ihren Eltern Österreich in Richtung Paris. Von einem auf den anderen Tag ist die Tochter aus reichem Hause – »Bis zur Emigration habe ich nicht gewußt, was eine Semmel kostet . . .« – auf sich selbst gestellt. Sie muß arbeiten, um leben zu können. Das ist neu für sie. Gearbeitet hat sie zwar schon häufiger, aber bisher war sie nur ihren Interessen für Theater und Literatur gefolgt. Elisabeth Freundlich gelingt es, »Brotbe-

rufe« – »Schwarzarbeit, Jobs aller Art, meistens körperliche Arbeit, Unterrichten war schon das Höchste!« – zu verbinden mit den Tätigkeiten, die ihr früheres Leben bestimmten. Sie bricht nicht mit ihrer Vergangenheit, sondern besteht – nun erst recht! – auf dem, was sie gelernt hat und was sie kann. Sie gehört zu den Gründern und eifrigsten Mitgliedern der »Ligue de l'Autriche Vivante« (Liga des geistigen Österreich), einer antifaschistischen Kulturorganisation, die sich Aufklärung und Warnung der Franzosen vor dem Faschismus ebenso zum Ziel setzt wie die Stärkung des österreichischen Nationalbewußtseins nach innen und außen. Elisabeth Freundlich ist es, die zum Jahrestag der Annexion eine große Kundgebung in Paris veranstaltet, und sie ist es auch, die für kurze Zeit den deutschen Schriftsteller Rudolf Leonhard, der mit Einverständnis des damaligen französischen Informationsministers Jean Giroudoux täglich vom Quai d'Orsay aus illegal nach Deutschland sendet, mit österreichischen Sendemanuskripten versorgt.

Unmittelbar vor dem Einmarsch der Deutschen setzt sie sich mit ihren Eltern in den Süden Frankreichs ab. Durch Zufall bekommen alle drei ein Emergency-Visum. Ein Parteifreund ihres Vaters, den sie nicht einmal persönlich kannten, hatte den Namen der Familie auf Präsident Roosevelts Visaliste für besonders gefährdete Menschen gesetzt. Im November 1940 erreichen sie New York.

Elisabeth Freundlich besinnt sich auf ihre alten Talente für Unterricht und Theater.

– Ich habe dann zunächst an alle Colleges geschrieben. Ich hatte Theatererfahrung, und die hatten Theaterdepartments.

Es klappt. Eine Zeitlang »tingelt« sie von College zu College, hält Gastvorlesungen, wird zum Essen eingeladen, bekommt einen kleinen Scheck in die Hand gedrückt – und ist so ungesichert wie zuvor. Amerika erfährt sie in dieser Zeit als »Land der unbezahlbaren Möglichkeiten«.

– Da hab' ich gesehen, das geht nicht. – Was nun? – Man hat mich immer gefragt: What are your American experiences? – Ja, und ich hatte keine. Und man ließ mich auch keine machen. Da hab' ich beschlossen, noch einmal zu studieren. Das kürzeste Studium war Librarian, das hab' ich gemacht, ein Jahr hat es gedauert, und dann war ich Sachbearbeiterin im Metropolitan Museum of Modern Arts. Alle haben mich beneidet.

Ihr selbst genügt es nicht. Die Katalogarbeit langweilt sie. Sie beginnt, Material zu sammeln für literarische Projekte. Geschrieben hatte sie schon vor der Emigration; es in Paris nur zurückgestellt, weil sie ihre »kulturpolitische Öffentlichkeitsarbeit« angesichts des drohenden Nationalsozialismus für wichtiger hielt. – Nun, weit weg von Europa, schreibt sie wieder. Es sind Texte mit deutlichem Bezug auf die Heimat, zum Beispiel der noch unveröffentlichte historische Roman *Der Seelenvogel*, eine Art Familiensaga.

»Nebenbei« gibt sie die Literaturbeilage der *Austrian American Tribune* heraus. Brecht veröffentlicht bei ihr erste Stücke aus seiner *Kriegsfibel*, sein Schatten (so hat ihn einmal Oskar Maria Graf genannt) Berthold Viertel ist ihr ständiger Mitarbeiter. Während dieser Zeit lernt sie Günther Anders kennen und heiratet ihn. Ein ausgefülltes Leben. Kein Jahr verloren.

– Ich bin überhaupt erst im Exil zu meiner eigentlichen Person geworden. Diese Jahre waren für mich entscheidend. Man ist natürlich herausgerissen gewesen aus seiner Laufbahn . . . Aber das, was man statt dessen erlebt hat, war prägender. Seither fühle ich mich als Antifaschistin.

– Und wie fühlen Sie sich als Antifaschistin in Europa? Sind Sie gern zurückgekommen?

– Ich hab' mir nie etwas anderes vorgestellt. Aber ich muß bekennen, wenn ich gewußt hätte, wie schwierig es werden wird durch den kalten Krieg, die Ablehnung und all das ... Wenn ich das gewußt hätte, hätte ich den Mut nicht aufgebracht. Aber rückblickend bin ich froh, daß ich es getan habe, denn ich bin die geblieben, als die ich angetreten bin: eine politisch bewußte, aber unabhängige Schriftstellerin.

Hertha Haas, promovierte Philologin, Jüdin, in Italien und England im Exil. Heute lebt sie in Hamburg. Eine Frau, für die das Exil lange Zeit soziale Degradierung bedeutete, dann langsamen Aufstieg von der Krankenschwester zur Buchhändlerin. Aber niemals: Demoralisierung.

Im Gegenteil: Je länger die Emigration dauert – und damit das Gefühl: Ich schaffe es! –, desto couragierter wird sie. Ihre Fähigkeit zur ebenso unsentimentalen wie realistischen Einschätzung einer fremden Situation und der eigenen Möglichkeiten und ihre ungewöhnliche Zivilcourage – oder handelte es sich um Frechheit? – illustriert keine Geschichte besser als die, die sie mir von ihrer »mißlungenen Internierung« erzählte:

– 1941, nach dem französischen Zusammenbruch, hat das Land gepanikt. Alle Engländer dachten, es gäbe eine deutsche Invasion. Das hieß für die Fremden: Internierung. Ich arbeitete damals bei einer englischen Familie. Eines Tages bekam ich einen Brief, ich solle mich in der Polizeizentrale einfinden. Es hatte nämlich irgend jemand die Idee gehabt, aus den Emigranten aus feindlichen Ländern feindliche Emigranten zu machen. Das war natürlich sehr unangenehm. Wir wurden alle vorgeladen und verhört. Ich wurde also in ein Wartezimmer geführt, in dem schon ein paar Frauen saßen. Die schlotterten offensichtlich alle vor Angst. Es sah entsetzlich aus. Es dauerte nicht lange, und ein verheultes Mädchen kam aus einer Tür. Aha, dachte ich, das ist der Gerichtssaal. Dann ging die nächste rein und kam verheult wieder raus. Und so weiter ... Schließlich saß ich allein mit einer Wienerin da. Ich habe sie gefragt: Warum haben Sie denn solche Angst? Das Schlimmste, was Ihnen passieren kann, ist, daß sie auf die Isle of Man kommen. Sie sind hier nicht in den Händen der Gestapo! – Sie hatte aber trotzdem Angst.

Dann war ich mit dem Wachhabenden allein. Er fragte mich: Are you also going to cry? – I have no intention! Ich fragte mich langsam, ob man hier weinen müsse!

Und ich saß da, völlig ruhig, und dachte: Entweder sie internieren mich, dann seh' ich was Neues, oder sie internieren mich nicht. Was anderes gibt es nicht.

Dann wurde ich hereingebeten. Da saß ein gerichtsvorsitzender Präsident, der sah aus, als hätte er eine Gummibrust unterm Hemd. Und zwei Beisitzer. Und ganz in der Ferne saß eine Stenotypistin. Dann hat er also meine Akte vorgenommen und las alles vor. Das fing schon blöd an!

Er: Sie sind also ... – Ich: Ja. – Er: Sie kamen von Italien hierher? – Ich: Ja. – Er: Sie haben als Gesellschafterin gearbeitet? (So war meine Krankenschwesterstelle deklariert, weil ich nur ein »domestic permit« hatte.) – Ich: Ja. Und dachte die ganze Zeit: Was für ein Narr das ist! – Er: Warum haben Sie die Stelle aufgegeben? – Ich: Weil die Dame gestorben ist. – Er: Nun, das ist doch kein Grund, die Stelle aufzugeben. – Ich: Hätte ich mich mit ihr lebendig begraben lassen sollen? Hinter mir Gelächter. – Er: Nein, das dachte ich nicht ... Dann haben Sie in einer Nervenheilanstalt gearbeitet. Wie war die Arbeit dort? – Ich: Sehr anstrengend. – Er: Sind Sie mit den Patientinnen gut ausgekommen? – Ich: Ausgezeichnet. – Er: Und mit dem Personal? – Ich: Ebenfalls. – Er: Do you think Hitler is mad? – Ich: Ja. – Er: Hätten Sie ihn pflegen können? – Ich: Nein, Sir! – Er: Warum nicht? – Ich: Weil mir der Geduldsfaden sehr bald gerissen wäre. Großes Gelächter. – Er: Ja, Miss Doctor, was würden Sie tun, wenn es eine Invasion gäbe? – Ich: Ich glaube nicht, daß es eine Invasion gibt. Aber wenn es eine gibt, werde ich tun, was die Regierung anordnet. Nämlich da bleiben, wo ich bin. – Er: Ja, aber wenn Sie zum Beispiel einem deutschen Soldaten begegnen, der Sie nach dem Weg fragt? – Ich: Dann würde ich so tun, als wenn ich im Leben noch kein Wort Deutsch gehört hätte. – Er: Der Soldat würde aber bestimmt Ihren deutschen Akzent merken! – Ich: O nein! Wenn ich den Mund nicht aufmache, hört er ihn nicht. – Er: Was würden Sie machen, wenn Sie der Soldat mit einem Revolver bedroht? – Ich dachte: Blöder Kerl. Der würde mich doch totschießen. Sagte aber: Ich würde versuchen, ihm den Revolver aus der Hand zu schlagen! – Er: Und was täten Sie, wenn er mit gezücktem Bajonett auf Sie zukäme? – Nun, habe ich gesagt, dann würde er mich durchbohren, und das wäre das Ende der Geschichte! Gelächter. Es war wie ein Bühnenabgang.

Und ich wurde nicht interniert. Ich kam nach Hause und habe alles erzählt. Da hat der Mann gesagt: Nurse, Sie verstehen einfach unsere Mentalität nicht. Sie wissen gar nicht, was der Mann wollte. Er wollte sehen, ob Sie Angst haben. Denn Angst macht die Menschen erpreßbar.

Richtig. Und falsch, weil – zu pauschal. Besser müßte es heißen: Blinde Angst macht erpreßbar. Die andere, die »sehende« Angst, die entsteht angesichts realer Bedrohungen, schärft die Sinne und läßt nach Auswegen Ausschau halten.

Ruth Liepman, Juristin, Jüdin, in Holland im Exil, heute in Zürich lebend; die Frau, die von sich sagt, sie habe immer ungeheures Glück mit Menschen gehabt. 1934, unmittelbar nach der Doktorprüfung, emigriert sie nach Holland; eine »Politische« wie Ruth Fabian, damals noch Mitglied der Kommunistischen Partei, aus der sie 1936 ausgeschlossen wird.

Warum Holland? Hatte sie dort Freunde? Sprach sie die Sprache? Zweimal »Nein«. Aber sie habe nicht so weit weg gewollt wegen eines in Hamburg lebenden Freundes, zu dem sie die Beziehung aufrechterhalten wollte.

Die Umstände ihrer Ausreise waren grotesk. Als Starthilfe für das neue Leben hatte sie eine große Korbflasche unauswaschbarer Tinte dabei, von deren Verkauf an Banken sie hoffte, sich einige Zeit über Wasser halten zu können.

Es ist ihr nicht geglückt. Es glückte ihr noch nicht einmal, zu den Banken zu gehen.

Eine Bekannte aus einem Skiurlaub, selbst Handweberin, vermittelt ihr eine Anstellung in einer Weberei. Viel verdient sie nicht. Freunde, die sie inzwischen kennengelernt hat, schleppen sie mit durch. Als ihr Lohn von sieben Gulden fünfzig auf zwölf Gulden die Woche gestiegen ist, macht die Firma Pleite. Als nächstes versucht sich Ruth Liepman mehr schlecht als recht als Übersetzerin, dann macht sie Sekretariatsarbeiten bei anderen Emigranten, vor allem bei einem Anwalt.

In dieser Zeit entsteht das Buch *Rechtslage der deutschen Staatsangehörigen im Ausland*, von zwei bedeutenden Juristen und ihr verfaßt, ohne daß allerdings ihr Name im Titel auftauchte. Das wäre zu gefährlich gewesen, denn Ruth Liepman hatte zu der Zeit schon ihren »Steckbrief am Hals wegen Vorbereitung zum Hochverrat«, ausgeschrieben im Gesetz- und Verordnungsblatt. Sie war bereits vor der Emigration im antifaschistischen Widerstand aktiv gewesen. Sie ist es auch in der Emigration.

Ihr Glück: Sie lernt in dieser Zeit einen Schweizer Architekten kennen, der einen Kongreß in Amsterdam besucht. Er heiratet sie. Die deutsche Jüdin Ruth Lilienstein wird damit zur Schweizer Bürgerin Ruth Stock, die nach der Besetzung Hollands durch die Deutschen, nach 1940 also, zahllosen zur Deportation bestimmten Juden das Leben rettet, bis sie selbst am 10. April 1943, quasi in letzter Sekunde, untertaucht.

Ruth Liepman, geborene Lilienstein, erzählt:

»Ich habe ab 10. Mai 1940 beim Schweizer Konsul in Amsterdam gearbeitet. Damals gab es noch so etwas wie ein Honorarkonsulat. Das heißt, der Honorarkonsul tut alles, was ein Konsul zu tun hat, hat daneben aber noch einen anderen Beruf. Konsul Lanz war Anwalt, ich habe in seiner Kanzlei gearbeitet. Nach dem Einmarsch der Deutschen waren alle Verbindungen zwischen seiner Wohnung außerhalb Amsterdams und seinem Büro abgebrochen. Da haben mich die Kollegen gefragt: Wollen

Sie uns helfen? Bleiben Sie hier, und beruhigen Sie die Leute. – Es waren natürlich alle furchtbar aufgeregt: Wie kommen wir in die Schweiz? Gibt es noch Züge? – Ja, so fing es an mit der Zusammenarbeit von Konsul Lanz und mir.

Ich war übrigens nicht vom Konsulat offiziell angestellt, sondern vom Konsul Lanz persönlich. Ich konnte in dieser Position viel tun. Das Schweizer Konsulat war damals so eine Art Oase. Die Schweizer waren, als der Krieg ausbrach, Schutzmacht für die Engländer und die Amerikaner. Und wir versuchten natürlich, so viele Menschen wie möglich – auch wenn es kaum oder keine Anhaltspunkte gab – als in England oder Amerika geboren zu deklarieren, so daß sie unter die Schutzmachtbefugnisse fielen. Das ist uns auch bei einer ganzen Reihe von Leuten geglückt. – So kam es, daß ich sogar mit deutschen Behörden verhandelt habe. Gemerkt haben die nie etwas, obwohl ich doch jüdisch aussehe. Aber ich habe mich wohl nie so benommen, wie Nazis es von Juden erwarteten, und außerdem nie den gelben Stern getragen. Ich war der Meinung, wer Jude ist, bestimme ich! – So habe ich einmal eine Gruppe von siebenundsechzig Juden retten können. Wir haben sie sperren lassen. Wir versuchten, die Deutschen hinzuhalten mit der Mitteilung, daß wir Devisen aufbringen würden, wenn diese Leute rauskämen. Wir haben natürlich nie einen Cent Devisen aufgebracht, aber wir haben eine wilde Korrespondenz deshalb geführt ... und so Zeit gewonnen, denn diese Leute wurden gesperrt für die Dauer des Verfahrens. Einige sind dann untergetaucht, andere haben versucht, rauszukommen, ein paar sind den Deutschen in die Hände gefallen. Aber eine ganze Reihe konnten wir retten. Auch dadurch, daß wir uns nach Untertauchquartieren und Fluchtmöglichkeiten umgesehen haben. Ich hatte ja nach wie vor Verbindung zum Widerstand ... Noch etwas muß ich sagen: Ich war im ersten Jahr, nachdem ich mich einigermaßen sicher fühlte auf dem Konsulat, zu Lanz gegangen und hatte gesagt: Wenn mich die Deutschen hier finden, werden Sie großen Trouble haben, denn ich werde steckbrieflich gesucht. – Und da habe ich den einzigen richtigen falschen Paß bekommen, den die Schweiz je ausgestellt hat. Denn Lanz hat meinen Mädchennamen, unter dem ich gesucht wurde, einfach weggelassen. Und in Schweizer Pässen steht nicht der Geburtsort, sondern die Heimatgemeinde, und da stand nun die Heimatgemeinde meines Mannes. Diese Camouflage klappte eine ganze Zeit, aber dann starb mein Konsul während eines Urlaubs in der Schweiz, und der alte Vizekonsul wurde zum Verweser eingesetzt. Das war ein biederer mittlerer Beamter, der für zivile Zeiten wahrscheinlich geeignet gewesen wäre. Für diese Kriegszeiten war er völlig ungeeignet. Er hatte eine Todesangst, daß durch diese Geschichte mit mir die Schweiz in den Krieg geraten könnte oder sonst was Fürchterliches ... völlig unproportional! Der hat mich also wegen meines falschen Passes zuerst bei der holländischen Fremdenpolizei angezeigt und später bei der Gestapo ... Das heißt, ich wurde in meinem Büro von der Fremdenpolizei verhaftet. Ich dachte: Jetzt ist es zu Ende. Die wissen alles. Und dann hab' ich mir überlegt: Vielleicht macht ja ein guter Holländer dieses Verhör, und beschloß, die Wahrheit zu sagen, daß nämlich Konsul Lanz mir diesen Paß persönlich ausgestellt hatte. Der holländische Fremdenpolizist vertraute mir und gab mir den Paß zurück. Und er sagte: Dieser Mann geht bestimmt weiter. Wir werden Sie warnen, wenn Ihre Sache bei der Gestapo ist.

Ich hatte also noch etwas Zeit, mußte aber davon ausgehen, daß die Gestapo so einiges von mir wußte. Aber nicht alles. Ich habe da noch eine eigenartige, kaum glaubliche Geschichte erlebt: Nach dem Tod des Konsuls bestimmte mich seine Familie zur Wahrnehmung der Nachlassenschaft. Und in dieser Eigenschaft wurde ich eines Tages nach Den Haag bestellt zum Judendezernat, um Auskunft zu geben über die Verhandlungen um die von uns gesperrten Juden, wie weit die Verhandlungen um Devisen gediehen waren. Ich fuhr hin. Es war ein kalter Novembertag Ende 42. Ich ging zu diesem Büro. Da war eine Frau, die hieß Frielinghaus. Zuerst sprachen wir über die gesperrten Juden, dann sagte sie: Ich habe noch eine Bitte. Sie kennen doch alle Schweizer hier. – Ja, sagte ich. – Kennen Sie eine Frau, die so heißt wie Sie? Ruth Stock. Sie heißt eigentlich Ruth Lilienstein, hat einen falschen Paß und ist eine Verbrecherin, die so tut, als wäre sie politisch aktiv. – Ich habe gesagt: Nein, die ist mir noch nie untergekommen. Die ist bestimmt nicht mehr hier. Wenn sie hier wäre, würde ich sie kennen. – Sie sagte: Versprechen Sie mir eines. Wenn Sie je auf diese Person stoßen, sagen Sie mir Bescheid. – Ich versprach es ihr. So bin ich raus. Ich weiß noch, es war ein Baum vor der Tür. Da bin ich hin und erbrach und heulte los. Ich konnte gar nicht mehr aufhalten. Dann bin ich zurück nach Amsterdam und habe gedacht: Jetzt muß ich aufhören. Die Geschichte, die ich ihr erzählt habe, geht zurück nach Deutschland. Dort werden sie mich nicht finden, und in drei Monaten suchen sie mich wieder hier. – Und so war es. – Man glaubt gar nicht, was die Deutschen alles versucht haben, um mich zu kriegen. Dabei war ich gar nicht so belangreich. Aber die hielten mich für sehr wichtig. Und ich habe doch nichts

weiter getan, als ein paar Leuten zu helfen. Also, was man in der Zeit eben tat. Ja, und natürlich noch ein bißchen mehr . . .
Ich bin dann untergetaucht. Habe allen meinen Klienten gesagt: Ich kann jetzt nichts mehr für Euch tun. Taucht unter, so schnell Ihr könnt, bevor Ihr durch diese schlimme Geschichte auch noch reinfallt! – Es ist dann aber eigentlich alles gutgegangen. Auf der Suche nach mir wurden sehr viele Frauen verhaftet. Alles große Frauen, denn die Gestapo hatte nur ›Brustbilder‹ von mir und dachte, das muß eine ganz große Frau sein. Dabei bin ich doch so winzig.«

Anfang einer anderen Geschichte: Ruth Liepmans Loblied auf die Solidarität, den Mut und die Liebe ihrer holländischen Freunde und Genossen, denen sie ihr Überleben verdankt. Wenn sie davon spricht, klingt ihre Stimme bewegt, viel bewegter als bei der Schilderung der eigenen Leistungen. Die anderen vollbrachten Heldentaten, sie »tat nur, was man eben tat in dieser Zeit«.
Eine Frau im Exil.
Eine Ausnahme?

Und wieder denke ich an die vielen berufstätigen Frauen, die unzählige Berufswechsel (und die in der Regel damit verbundene soziale Degradierung) klaglos in Kauf nahmen, um sich und ihre Familie zu ernähren; und ich denke auch an all die anderen, die Hausfrauen, die überhaupt erst im Exil berufstätig wurden.
Frauen wie Anna Trautwein.
Jede meiner Gesprächspartnerinnen, die ich nach solchen Frauen fragte, wußte ein Beispiel, auch wenn nicht jedes so witzig war wie das von Elisabeth Freundlich:

– Ich kannte eine reiche Frau, die sich sehr für Malerei interessierte und Bilder sammelte. Im Exil hat sie dann als Hausgehilfin gearbeitet und sich nur noch dafür interessiert, wieviel Bilder sie schon abgestaubt hatte . . .

Frauen im Exil.

Und die Männer?

Was tut ein Rechtsanwalt in einem Land, dessen Gesetze er nicht kennt?

Was tut ein Arzt in einem Land, in dem er nicht praktizieren darf?

Was tut ein Schauspieler in einem Land, in dem er keinen Namen hat?

Was tut ein Schriftsteller in einem Land, dessen Sprache er nicht spricht?

Manche verzweifelten. Zuviel war ihnen genommen von dem, was Voraussetzung ihres Lebens war: Beruf, Ansehen, Erfolg; und glücklicher waren nur die, denen die Frauen geblieben waren – und zwar nicht nur als »Heimat im Exil«, wie Ernest Bornemann (frei nach Klaus Mann) ihre Bedeutung würdigte, sondern auch, ganz schlicht, als Versorgerin. »Für den im Exil arbeitenden, politisch tätigen, von Armut und Hoffnungslosigkeit täglich Bedrohten hat die liebende und geliebte Partnerin eine unvergleichlich größere Bedeutung als für den gesicherten Bürger. Die Liebe im Exil ist die täglich wiederholte Entdeckung der Heimat im Körper des geliebten Menschen. In der Erinnerung des anderen lebt die verlorene Stadt weiter, als sei sie nie verloren worden.«

Elsbeth Weichmann bestätigte das:

– Ja, ich muß Ihnen sagen, daß es die Männer schwerer

hatten. Ein Mann hat sein Lebenswerk oder seinen Lebensplan, seine soziale Stellung, die er sich erarbeitet hatte, alles, woraus er seine Lebensberechtigung und sein Lebensinteresse bezog, verloren. Er stand vor einer persönlichen – ich spreche gar nicht vom Besitz! –, vor einer seelischen Leere, während die Frauen, die mit einer Verantwortung für Umgebung ins Exil gekommen waren, vor einer Aufgabe standen.

Die Literaturwissenschaftlerin Margot Ruben – sie begleitete den Dichter Karl Wolfskehl ins Exil nach Neuseeland – argumentiert (bei einer zufälligen Begegnung 1979 im Deutschen Literaturarchiv in Marbach) ähnlich: »Frauen ist es viel leichter gefallen, sich umzustellen. Frauen haben jede Arbeit angenommen. Sie waren Köchin, Serviererin und Putzfrau. Als Frauen waren sie ja auch solche Arbeiten eher gewohnt. Die Männer hatten es da oft schwerer. Für sie bedeuteten diese Arbeiten einen sozialen Abstieg. Als Frau fühlt man sich verantwortlicher für das Funktionieren des Alltagslebens.«

Die Frauen – kein Zweifel! – erweiterten ihr Aufgabengebiet: Die traditionelle Hüterin und Versorgerin der Familie verließ den Ort ihres Wirkens – Haus und Herd. Sie ging hinaus in die Welt, um Geld zu verdienen, und wenn sie zurückkehrte, dann – in die vertrauten Verhältnisse; dann, um weiterhin sein zu können, was sie immer war: Hüterin und Versorgerin der Familie.

Frauen wie Anna Trautwein.

Anna Trautwein, die in zwei möblierten Zimmern in einem Emigrantenhotel in Paris Familienleben inszenierte, fast als wäre man noch in München, und die, um das tun zu können, bei einem Zahnarzt als Sprechstundenhilfe arbeitete.

Hatte Lion Feuchtwanger etwa doch recht mit seiner literarischen Erfindung? Aber warum ließ er Anna Trautwein sterben?

Fragen und Antworten:
– Wie hat den Männern die Veränderung der Frauen gefallen?
Charlotte Beradt: »Die deutschen Doktoren, die saßen bedrückt zu Haus und verstanden die Welt nicht mehr. – Wie sollte das nicht viele Ehen verändern! Das entsetzliche Bedrücktsein der Männer, das Auftrumpfen der Frauen als Brotverdiener für zwei in der Fabrik.«
Ganz anders Elsbeth Weichmanns Antwort:
– Ich glaube, die Männer waren glücklich darüber, denn sie waren ja auf einmal abhängig von ihnen. Und die Frauen konnten ja ihr partnerschaftliches Verhältnis zum Mann viel leichter gestalten, weil sie anerkannt waren, weil er sie gebeten hatte, Partner zu sein. Weil er ja selber mit dem Leben nicht mehr ganz fertiggeworden ist.
Ihre Antwort nimmt auf, was der Satz ». . . die Frauen haben das Schicksal – und den Mann gemeistert . . .« bereits angedeutet hat: die Erkenntnis, daß für viele Frauen das Exil Möglichkeiten der persönlichen Entwicklung bot, die sie unter anderen Umständen nicht gehabt hätten.
Mit Genugtuung spricht Elsbeth Weichmann davon:
– Das Leben hat mich vor diese Herausforderung gestellt, und ich habe sie gemeistert (. . .). Sehen Sie, diese Frauen waren in der Mehrzahl bürgerliche Frauen, die ein ganz zufriedenes Leben als »Und-Frau« geführt haben. Diese Frauen kamen auf einmal aus Verantwortungsgefühl für den Nächsten in die Aufgabe, etwas zu leisten – und nicht nur, sie zu füt-

tern, sondern sie zu tragen. Und diese Wärme hat sie zur Anpassung leichter befähigt als die Männer. Sie haben in der Not ihre eigenen Kräfte kennengelernt und eingesetzt. Sie sind in eine echte partnerschaftliche Beziehung zu ihren Männern gewachsen.

Das Wort »Emanzipation« fällt:

– Die Frauen sind persönlich emanzipiert gewesen. Sie wußten genau, warum sie bei einem Mann blieben. Sie wußten genau, warum sie weggegangen sind. Sie haben gelernt, sich ihre Partnerschaft souverän zu gestalten.

Elsbeth Weichmann ist das wahrscheinlich leichter gefallen als anderen Frauen. Verheiratet mit einem Mann, der die Fremde – genau wie sie – als Herausforderung empfand und nicht als Ende seiner Möglichkeiten, bedeutete für sie die Veränderung ihrer Lebensumstände nicht die Entfernung vom Mann, sondern die Möglichkeit zur gemeinsamen Weiterentwicklung. Das gilt besonders für die Jahre in Frankreich, als beide zusammen eine Presseagentur betrieben.

In Amerika war es mit solcher Art von Zusammenarbeit vorbei. Elsbeth und Herbert Weichmann, inzwischen beide über vierzig Jahre alt, mußten noch einmal von vorn anfangen.

– In Amerika fingen wir beide ja von einem richtigen Nullpunkt an. Wir mußten jede Gelegenheit aufgreifen, um unser Brot zu verdienen und um uns einzuleben in diese amerikanische Gesellschaft, die unserem Temperament sehr fremd war. Die Schwierigkeit in Amerika war: Wenn man sich vorstellte und sagte: Das und das habe ich gelernt, und das und das habe ich gemacht, haben die Leute gesagt: Gott, für so qualifizierte Menschen haben wir keinen Job. Bat man aber um irgendeinen untergeordneten Job, haben die Personalchefs gefragt: Was für amerikanische Erfahrungen haben Sie? – So kamen wir in ziemlich schwierige Situationen . . .

Elsbeth und Herbert Weichmann meisterten sie. Sie nutzten jede Arbeitsmöglichkeit, beide erlernten noch einmal – das dritte Mal in ihrem Leben – einen neuen Beruf. Auf Anraten eines Freundes machte Elsbeth Weichmann eine Ausbildung zur Statistikerin, denn mit einem amerikanischen Diplom in der Tasche ist es leichter, einen Job zu finden. Nacheinander arbeitet sie in den verschiedensten Büros: Einmal wird sie von einer Statesfarm für gefallene Mädchen engagiert, um die staatlichen Erziehungserfolge statistisch zu erfassen – eine Tätigkeit, die ihr tiefe Einblicke in die New Yorker Unterwelt ermöglichte –, ein andermal tippt sie Rechnungen und addiert Zahlenkolonnen. Ihr Mann, anfangs noch als Journalist für die in New York in deutscher Sprache erscheinende Zeitung *Aufbau* tätig, bildet sich indessen zum Wirtschaftsprüfer aus. –

Von der Journalistin zur Tippse. – Hat sie unter der beruflichen Degradierung gelitten?

– Ich habe diese Dinge mit einer gewissen Gelassenheit getan (. . .) weil ich mir gesagt habe: Ich habe mich an Amerika anzupassen, nicht Amerika an mich. Und jetzt lerne mal diesen – ja schwer für dich zu erlernenden – American way of life! Lern, mit diesen kleinen Leuten umzugehen, lern, den infantilen Stil der Mädels, die dort arbeiten, zu akzeptieren, dann kommst du an das Land heran. Und das gelang mir auch.

Schließlich findet Elsbeth Weichmann Arbeit im statistischen Büro der Rockefeller Foundation in New York. Als ihr Chef krank wird, vertritt sie ihn und schreibt statt seiner den fälligen Monatsbericht. Ein Erfolg. Kurz darauf wird sie zur Abteilungsleiterin befördert. Sie bleibt es bis Kriegsende. Dann zieht die Rockefeller Foundation nach Washington, und sie muß sich etwas Neues suchen.

– Mein Mann hatte sich gerade als Wirtschaftsprüfer in New York niedergelassen, und da wollte ich natürlich nicht nach Washington. – Inzwischen war mir das amerikanische Büroleben so langweilig geworden, auch der Umgang mit diesen braven Mädels, da wollte ich lieber was mit meinen Händen tun. Und da hab' ich eine kleine Fabrik aufgemacht. Ich habe sechs Pelzmaschinen gekauft und Pelztiere nach eigenen Entwürfen gemacht. Mit Schwarzen.

– Wie sind Sie darauf gekommen?
Ein Zufall brachte mich mit einem Pelzhändler zusammen, der billige Schafspelze verkaufte. Spielerisch machte ich ein Mustertier nach eigenem Entwurf aus diesem Fell. Es gefiel. Warum sollte ich also nicht versuchen, einmal mein eigener Chef zu sein und meine nicht ungeschickten Hände zu gebrauchen? – Es war eine sehr amüsante Zeit. Ich hab' allerhand Ideen gehabt; und die schwarzen Mädels, die waren schrecklich nett zu mir . . .

Elsbeth Weichmann hat also geschafft, was sie sich vorgenommen hatte: Sie ist an das Land herangekommen. Heimisch gefühlt hat sie sich in ihm nie.

– Nein, ich hab' in Amerika keine Wurzel gehabt. Ich hab' vielleicht die Lebenstechnik beherrscht. Ich konnte mit Amerikanern sprechen, ohne unangenehm aufzufallen, aber ich hab' mich nicht heimisch gefühlt in den Reaktionen und Lebensgefühlen der Amerikaner. Und ich wußte, daß ich in jenem anderen Deutschland, das ich nie vergessen hab', vielleicht mehr menschliche Reaktionen finde, die meinem Temperament entsprechen, als ich sie in Amerika gefunden habe.

Die Weichmanns kehren nach Kriegsende nach Deutschland zurück. Zuerst (im Jahre 1948) fährt Herbert Weichmann, der damit einer Berufung seines Freundes Max Brauer zum Hamburger Senatssyndikus folgt. In seinem ersten Brief an seine Frau schreibt er – nach seitenlanger Schilderung der zerstörten Stadt und der zerstörten Menschen: »Ich habe keinen rationalen Grund, aber ich weiß, daß ich nie wieder nach New York zurückkommen werde.« Die Würfel sind gefallen. Wieder einmal packt Elsbeth Weichmann ihre Koffer. Wieder einmal tritt sie eine Reise in eine ungewisse Zukunft an; zurück läßt sie eine gesicherte Existenz.
Hat sie ihre Entscheidung je bereut? – Nein. Genausowenig, wie sie die Jahre im Exil bereut. Als »Lehrjahre der Menschlichkeit« beschreibt sie sie mir. Ihre Stichworte: sich anpassen, sich selber kennenlernen und den anderen, sich gegenseitig helfen, Verständnis füreinander haben. Anpassung bedeutet für sie nicht Selbstaufgabe, sondern nachdenken übereinander und nachdenken über schwierige Situationen – die gemeinsame Suche nach neuen Wegen und die Bereitschaft zur Veränderung. Und zwar für Männer wie für Frauen. Miteinander sprechen, darauf komme es an, und nicht darauf, recht zu haben um jeden Preis, sagt Elsbeth Weichmann. Das sei es, was sie im Exil gelernt habe. Partnerschaft.

– Dann war also die Emigrantengesellschaft die menschlichere Gesellschaft?
– Ja, antwortet sie, in einem gewissen Sinne, ja.

Wir lächeln uns an, Elsbeth Weichmann und ich. Vor drei Jahren noch hätte ich weitergefragt: Und Ihr Mann, hat der denn nie mit der Hand arbeiten wollen? – Und wenn sie mit »Nein« geantwortet hätte, hätte ich innerlich triumphiert. Als ob die Leistung der Frauen im Exil größer würde in dem Maße, in dem die Männer versagen!

Vorbei der Wunsch, mit dem ich angetreten war: Die Wirklichkeit der Frauen möge ihrer gedichteten Existenz bruchlos entgegengesetzt sein – Stärke den Frauen! Schwäche den Männern!

Statt dessen die schlichte Erkenntnis, wie schwierig es ist, allein zu sein in schwierigen Zeiten.

Alleinsein: niemand, auf den du wartest. Niemand, der auf dich wartet. Keine Fragen. Keine Antworten. Kein »Weißt du noch« und kein »Was nun«.

Erinnerungen, Bilder (III):

1980. Manhattan im Mai.

Nein, sagt Mimi Grossberg, nein, noch einmal mit Nachdruck, diese hohen Häuser sind schrecklich. Manhattan ist so schön, nur diese Häuser . . ., und nimmt meinen Arm: Kommen Sie, jetzt zeige ich Ihnen etwas Schönes. Ich lade Sie zum Essen ein. Das ist gut hier.

Sie führt mich ins Burger Heaven, ausgerechnet. Ihr Lieblings-Burger Heaven. Gleich um die Ecke ist das Austrian Institute. Gurkenmus satt auf allen Tischen.

Mimi Grossberg, Wienerin, seit über vierzig Jahren im Land, eine jüdische Emigrantin, zart und zäh, den Tuchmantel noch im Mai bis auf den letzten Knopf geschlossen, nötigt mich ins Plastik-Eck. Ihr schmeckt es. Noch zwei Coke bitte. Ihr Deutsch klingt wienerisch, ihr Ame-

rikanisch klingt wienerisch. So um die Siebzig wird sie sein.
Sie beginnt, von ihrer Kindheit zu erzählen. Eine glückliche Kindheit, so glücklich, wie keine Kindheit sein kann. Schwarze Augen funkeln unter schweren Lidern, ihr Gesicht hat sich während des Sprechens gerötet, vielleicht geglättet, die Stimme klingt bewegt: Es geht um einen Ausflug in den Wienerwald mit den Eltern, sie im weißen Kleid aus Batist, Pfingsten. –
Ich versuche, sie mir vorzustellen, als Kind und als junge Frau, aber es gelingt mir nicht, den Blick zu lösen von ihrem Gesicht, so wie es heute ist, und sie zu begleiten auf ihrer Reise in die Vergangenheit. Mimi Grossberg, in einem Blümchenkleid aus Polyester, das am Hals und an den Ärmeln mit schmalen Bändern zusammengehalten wird; auf dem liebevoll in Löckchen gelegten weißen Haar ein kleiner Hut, schwarzes Stroh mit Federgarnitur.

– Warum Amerika?
– Wohin hätten wir gehen sollen? – Wir ...? – Mein Mann und ich. Zu zweit ist es leichter.
  Haben Sie je daran gedacht, nach Wien zurückzukehren?
– Nein. Warum? Meine Familie ist tot. Alle umgebracht.
– Hier geht es mir gut. Hier kann ich Wienerin bleiben. In Wien konnte ich das nicht.

Amerika.
Amerika, Land der unbegrenzten Möglichkeiten; und eine davon war: Leben zu retten. Kaum eine Emigrantin traf ich, die dessen nicht in Dankbarkeit gedachte.
Die Schriftstellerin Adrienne Thomas, die 1940 durch die Vermittlung Hermann Kestens ein Emergency-Visum der USA erhielt, schreibt – gleichsam im Namen aller –

in ihrem Ende der siebziger Jahre entstandenen, bislang unveröffentlichten Text *Hymnen:*
»Am 2. September verließ mein Schiff Lissabon, einen der letzten freien Häfen der ›Festung Europa‹.
Zum erstenmal reiste ich unter der amerikanischen Flagge. Zum erstenmal hörte ich die amerikanische Nationalhymne. Von einer warmen Altstimme gesungen, erklang sie aus dem Lautsprecher. Die erste und die letzte Strophe. In ihnen ist von Krieg und Verzweiflung die Rede, aber auch davon, daß ein vom Himmel errettetes Land die Kraft fand, sich als Nation zu erhalten. Und immer wieder der stolze Refrain:
And the Star-Spangled Banner in triumph shall wave
O'er the land of the free and the home of the brave.
Während wir stehend jedes Wort in uns aufnahmen, war uns, als streckten sich den Schriftstellern von jenseits des Ozeans rettende Hände der Freien und Tapferen entgegen. Ein Volk, das die Verheißung seiner Nationalhymne in die Tat umgesetzt hatte.«
Amerika Lebensretter.
Adrienne Thomas blieb in New York, dem einen Zentrum der Emigration: Ziel all derer, die Europa nah bleiben wollten, nur durch den Blick über den Ozean davon getrennt. Andere zogen weiter nach Los Angeles, dem anderen Zentrum: Stadt der Traumfabriken und damit Hoffnung vieler Künstler – Schriftsteller und Schauspieler vor allem.

Ich wollte beide Städte sehen.
Mein Ziel war, Emigrantinnen zu treffen und mit ihnen zu sprechen. Ich wollte wissen, wie es war und wie es ist, eine Frau im Exil zu sein. Ich wollte sehen, wo sie leben und mit wem. In Archive wollte ich gehen, um alte Tagebücher zu finden, und in Bibliotheken auf der Jagd nach

verschollenen Manuskripten. Kurz: Alles wollte ich tun (und alles schien mir möglich, aber wie?), um mir ein Bild zu machen von dem, was war.
Mein Bild.

Eine Emigrantin bewahrte mich davor. Meine »erste Emigrantin«: Charlotte Beradt.
Ausgerechnet sie, die mir – kaum daß wir ins Gespräch gekommen waren –, prophezeit hatte, daß ich nie erfahren würde, wie es wirklich war, und wenn ich noch soviel fragte, bot mir an, bei ihr in New York zu wohnen.
Ob ich damals schon ahnte, wie wenig mein identifikatorischer Zugriff ihren kritischen Zwischenfragen und ihrem skeptischen Blick standhalten würden? Jedenfalls bin ich heute froh darüber.
Froh über die Abende zu zweit am Eßzimmertisch, ihr »Nun erzählen Sie mal . . ., was haben Sie Schönes erlebt?«, das mir Gelegenheit gab, eine erste Ordnung in meine Eindrücke zu bringen, von ihr kommentiert, korrigiert und ergänzt.
Vorsichtige Annäherungen, der Versuch eines gemeinsamen Alltags.

Tagebucheinträge vom 8. bis zum 29. Mai 1980 – neu gelesen und zusammengefaßt: Charlotte Beradt umkocht mich, umsorgt mich. Nein, ich solle nichts tun, sie schaffe es schon allein. Ihre Worte und Blicke sind Abwehr, ihre Gesten Fürsorge. Sie sei menschenunwillig zur Zeit. Ihre Sätze kommen langsam: Ja, die deutschen Männer, deutsche Doktoren, sehr deutsch . . . Es war ihnen gar nicht recht, daß die Frauen das Geld verdient haben . . . Natürlich hatten sie es leichter. Und zu Haus dann die Männer . . . – Und Sie? frage ich. –

Anfangs hätten sie vom rechtzeitig aus Deutschland transferierten Geld und dem Verkauf einiger Wertgegenstände gelebt. Eine Erstausgabe von Kafkas »Strafkolonie« in Halbleder zum Beispiel habe drei Dollar gebracht, die Miete für eine Woche. Später, als die Rücklagen immer knapper wurden, habe sie das Geld für beide mit Haarefärben verdient, zuerst im Badezimmer, dann in einem eigenen Raum.

Mein Frisiersalon, sagt sie, der »Salong« war ein Treffpunkt, und: Emigranten gehen gern dorthin, wo man sie versteht. – Sie hat viele gekannt. »Meine Kundinnen stellten einen Querschnitt von oben bis unten durch die Exilbevölkerung dar. Sie reichten von Bela Chagall, wegen deren erster künstlicher Haarfarbe ich Chagalls Billigung einholen mußte, über Elisabeth Bergner bis hin zu Frauen von Akademikern, die in Fabriken arbeiteten, und Frauen von Viehhändlern aus süddeutschen Landstädtchen.«

Elisabeth Bergner, werfe ich ein, die erwähnt Sie in ihrer Biographie. – Ja, sagt sie, wir haben uns gut verstanden. – In einem Apartment auf der Eastside habe sie gewohnt, zwischen Möbeln, die ihr die Mendelssohns geliehen hätten. Da sei sie oft hin, ihr die Haare zu bleichen. – Charlotte Beradt lacht, wenn sie an die vielen Ringe denkt, die sie dabei in die Mendelssohnschen Möbel geätzt hat. – Und weiter? – Elisabeth Bergner verließ New York, Schuldenberge hinter sich. Die Möbel, die ihr nicht gehörten, wurden gepfändet. – Nun lachen wir beide.

Wie lange hatten Sie Ihren Frisiersalon? frage ich. – Zwanzig Jahre. Viel zu lange. –

Ihr Mann ist bereits 1949 gestorben, fast völlig erblindet, ein gebrochener Mensch. Als Rechtsanwalt war der 1881

Geborene zu alt gewesen, um die Gesetze des fremden Landes noch zu lernen, und als Schriftsteller zu unbekannt, um einen Verleger für sich interessieren zu können. Er zog sich zurück. Er mochte nicht mehr ausgehen. »Er wollte« – wie seine Frau später einmal geschrieben hat – »nicht mehr gefragt werden.«
Charlotte Beradt wechselt das Geschirr. Wir essen jetzt von Hannah Arendts Tellern. Erbstücke, sagt sie ironisch. Die beiden waren sehr befreundet.
Andere Freunde?
Sie nennt den Lyriker Albert Ehrenstein. Längst tot auch er, 1950 gestorben. Seine wenigen Versuche zu schreiben habe er bald aufgegeben im Exil, erzählt sie, und von der Wohlfahrt gelebt, nachdem ihn seine Freunde nicht länger hätten unterstützen können. Nein, seine große Liebe von früher – Elisabeth Bergner – habe er nicht in New York getroffen, obwohl sie in jener Zeit am Broadway Theater gespielt habe. Es sei ihm elend gegangen, aber Albert Ehrenstein wäre überall im Elend gestorben.
Sie wird nicht im Elend sterben. Es geht ihr inzwischen wieder gut. Sie verdient ihr Geld als freie Autorin. Ihr Lebensabend ist finanziell gesichert dank der Wiedergutmachung.
Ich blicke mich um: eine großzügig geschnittene Wohnung, sparsam möbliert mit sehr schönen, aus Deutschland geretteten Möbeln, viele Bücher, gute Bilder, darunter ein Pechstein. Vier Räume im siebzehnten Stock sind es in einem soliden Apartmenthaus in der West Side Avenue. Vom Gästebett aus kann ich das Empire State Building sehen, und, wenn ich mich aus dem Fenster lehne und nach rechts blicke, den Hudson.
Ich fühle mich wohl hier.
In meine Gedanken hinein sagt Charlotte Beradt: Ja, die

Wohnung ist schön. – Und mit weicherer Stimme als sonst: Daß Beradt das nicht mehr erlebt hat ... Daß er in solcher Armut sterben mußte ...
Mir fällt ein Traum ein aus ihrem im Suhrkamp Verlag 1981 erschienenen Buch *Das Dritte Reich des Traums,* einer kommentierten Sammlung von Träumen aus jener Zeit:
»Zwei Bänke stehen im Tiergarten, eine normal grün, eine gelb (Juden durften sich damals nur noch auf gelb angestrichene Bänke setzen), und zwischen beiden ein Papierkorb. Ich setze mich auf den Papierkorb und befestige selbst ein Schild an meinem Hals, wie es blinde Bettler zuweilen tragen, wie es aber auch Rassenschändern behördlicherseits umgehängt wurde: Wenn nötig, mache ich dem Papier Platz.«
Es ist der Traum eines Berliner Rechtsanwalts und Notars, den Charlotte Beradt charakterisiert als einen »Mann, in dessen Leben der Begriff ›bürgerliches Ansehen‹ immer eine große Rolle gespielt hatte«, einer »im Denken, Aussehen und Benehmen ganz angepaßten Typ«.
Er träumt den Traum eines Menschen ohne Zukunft. »Der Träumer setzt sich im Endspiel seiner Existenz selbst in den Abfalleimer und ist sogar bereit, noch dem Abfall Platz zu machen.« – Der Vergleich mit Becketts *Endspiel* stammt von ihr selbst.
War das Ihr Mann? frage ich. Ja, antwortet sie ruhig. Stille.
Ich bin bedrückt, weiß nicht, was ich sagen soll. Sie ist es, die schließlich das Schweigen bricht. Unvermittelt sagt sie: Alle alten Leute werden einsam, aber es ist ein Unterschied, ob man es in der Fremde wird oder in vertrauter Umgebung. – Nein, Sie spräche nicht von sich, sondern von einer Freundin. Ihr selbst gehe es gut in

New York. Diese Stadt sei vorzüglich geeignet für Leute wie sie, für die das Wort »Heimat« jede Bedeutung verloren habe. Dabei habe sie nichts gegen Deutschland. Immerhin verbringe sie jeden Sommer einige Zeit dort, um ihre Freunde zu treffen. Aber dort leben? Nein. Sie gehöre hierher. Hier habe sie inzwischen die meiste Zeit ihres Lebens verbracht.

Wenn sie von der Vergangenheit spricht, beginnt sie immer mit dem Tag ihrer Ankunft in New York. 1940.

Sie erzählt mir von den Umständen ihrer Emigration: Wir waren wohlhabend. Wir hatten Geld genug, Möbel und Wertsachen per Lift mitzunehmen, darunter auch Dinge, die wir eigentlich hätten zurücklassen müssen; Bücher, die wir gar nicht mehr hätten besitzen dürfen. Es gibt kein Nazigesetz, daß ich nicht mit Freuden gebrochen hätte ...

Ich weiß noch, wie wir die Wohnung aufgelöst haben. Wie schnell die deutschen Beamten bestechlich geworden sind! Einer sagte: Was in meiner Aktentasche vorgeht, weiß ich nicht. – Das war 1939. Beradts blieben ein Jahr in England. Dann ging es weiter nach Amerika. mit dem letzten Schiff nach New York. – Wir kamen an und wußten nicht, wohin. Gehen Sie zur neunzigsten Straße, riet ein Emigrant. Wir taten es, standen mit allen Koffern auf der neunzigsten Straße, und das Wunder geschah: Uns wurde eine Unterkunft in einem Roominghouse angeboten. –

Zufall? Glück? –

Warum sind Sie nicht eher geflohen? frage ich.

Es wollte mir nicht in den Kopf, daß ich keine Deutsche bin, antwortet sie.

Aber Sie waren doch Jüdin, Antifaschistin, Gegnerin des Nazi-Regimes. Sie haben Sozialreportagen geschrieben, sich für Frauenfragen engagiert ...

Erst in ihrer Traumsammlung finde ich eine mögliche

Antwort auf meine Frage. In dem Kapitel »Handelnde Personen oder ›Man muß nur wollen‹« lese ich die Träume einer Frau, die im Untergrund gegen die Nazis arbeitete.
Wollen Sie nicht irgendwann einmal Ihre Memoiren schreiben? –
Nein, niemals.
Sie ist erzogen worden, sich selbst nicht so wichtig zu nehmen.
Und wieder fällt mir ihr Satz ein: Wie es wirklich war, werden Sie nie erfahren . . .

Ich berichte ihr von der frostigen Begrüßung eines Emigranten aus Hamburg. Er hatte mich beschimpft, als hätte ich ihn aus seiner Heimatstadt vertrieben, ihn, den guten Deutschen. Er wolle nichts mehr von uns wissen. Ich war voller Scham gewesen. Stellvertretergefühle.
Sie lächelt bitter: Wenn Sie wüßten, wie viele Emigranten gute Nazis geworden wären, wenn man sie nur gelassen hätte. Und heute . . . Worauf sind sie stolz? Woher nehmen sie ihren Haß? – Wir schweigen, bis sie plötzlich von den Kindern der Emigranten anfängt. Da habe es einige gegeben, die hätten sich in Amerika ihrer deutschen Eltern geschämt, hätten nicht mehr deutsch sprechen wollen. Speak english! hätten sie Vater und Mutter in der Öffentlichkeit angezischt.
Dieser Schmerz! sagt Charlotte Beradt, und noch einmal, etwas leiser: Dieser Schmerz . . .
Sie räuspert sich. Kommen Sie, Kindchen, es ist Samstag. Lassen Sie uns die Zeitung holen. Die Zeitung, das ist die Wochenendausgabe der *Times,* mindestens ein Pfund bedrucktes Papier. Am Zeitungsstand ist eine lange Schlange, wir stellen uns an, und nach zehn Minuten ha-

ben wir zwei Exemplare. Die eine ist für die Bekannten im Apartment zehn B bestimmt. Zum Ritual des Überreichens gehört, daß die zehn Bs ihrer Zustellerin das geforderte Trinkgeld unter einem Vorwand verweigern.
Der gleiche Scherz seit zehn Jahren, flüstert mir Charlotte Beradt zu. Übrigens zehn B ist auch eine Emigrantin. Aus Rußland. Sie hat aber schon eher damit angefangen, nach der Oktoberrevolution.
Ich schüttele Hände, dann gehen wir. Zeitung lesen. Irgendwann blickt sie von ihrem Blatt auf: Was haben Sie morgen vor? – Cloisters, sage ich. – Sehr gut. – Ist es wirklich so schön? frage ich. – Es lohnt sich. Ihre Stimme klingt amüsiert.

Cloisters, das ist ein romanisches Kloster. Ein reicher Rockefeller hat es vor Jahren Stück für Stück aus Frankreich nach Amerika verschiffen und in Manhattan uptown originalgetreu wiederaufbauen lassen. Wahrscheinlich, damit seine kleinen Sekretärinnen, die sich nie und nimmer eine Europareise werden leisten können, wenigstens eine Ahnung von europäischer Kultur bekommen. Ich erreiche es gegen Mittag. Touristengedrängel. Ein Franzose neben mir murmelt: »Tout volé.« – Heute abend werden wir gemeinsam darüber lachen.

Und morgen?
Morgen bin ich mit Mimi Grossberg verabredet. Und außerdem will ich ins Leo Baeck Institute . . .
Es ist spät. Ich bin müde. Wir sagen uns gute Nacht. Im Einschlafen sehe ich das beleuchtete Empire State Building. Ob sie es jetzt auch sieht? Ich weiß, daß Charlotte Beradt nachts oft schlaflos am Fenster steht. Manchmal wettet sie dann mit sich selbst. Zum Beispiel, ob das

nächste Auto die Westend Avenue rauf- oder runterfahren wird. –
Sie hat es mir erzählt, jetzt, wo wir uns etwas besser kennen. – Ende der Eintragung . . .

Und Anfang. Wieder einmal.
Vielleicht der Anfang einer Reise? Vielleicht der Anfang einer Geschichte?
Nichts fällt mir schwerer, als bei der Wahrheit zu bleiben, wenn ich die Wirklichkeit beschreiben will. Sie ändert sich von Blick zu Blick, von Gespräch zu Gespräch, von Tag zu Tag.
Aber alles ist Versuch.

Am 1. Mai 1980 flog ich nach New York.
Ich weiß noch, daß der Sekt meine Reiseangst nicht milderte. Ich weiß noch, mit welcher Kälte ich Komplimente entgegennahm über meinen Mut »als Frau allein . . . so lange . . . sonst immer zu zweit«. Ich weiß noch, wie wenig mich Fragen nach der Qualität meines Englisch beunruhigten. Ich rechnete nicht damit, anzukommen. Als ich aufbrach, hatte ich mit allem abgeschlossen. Dann kam ich an. Der Einreisebeamte ermahnte mich, nicht den Rückflug zu verpassen, und ließ mich ins Land.

Wir waren damals erst mal eine Woche auf Ellis Island interniert, erzählt die Schriftstellerin Gina Kaus in ihren Memoiren. – Warum? – Wer hätte sich nicht alles als Verfolgter getarnt ins Land einschleichen können . . .? Den genauen Grund weiß sie bis heute nicht. – Ellis Island ist heute ein Museum. Die Barkasse dorthin geht ab South Ferry. Billiger Liniendienst: der berühmte Blick auf die Skyline von Manhattan ohne Aufpreis. Es ist kalt

Anfang Mai in New York. Langsam leert sich das Deck. Kurzer Halt an der Freiheitsstatue. Weder hier noch in Ellis Island gehe ich von Bord. Ich bilde mir ein zu wissen, was mich erwartet. »We have to keep the country as clean as our fathers made it.«
Amerika, klassisches Einwandererland. New York, Melting-pot. Pro Volk ein Stadtteil: im Süden Little Italy und China Town, im Norden um die sechsundachtzigste Straße herum: Yorkville, auch German Town genannt.
Wo wohnen Sie? frage ich Mimi Grossberg. Im Norden, antwortet sie.
Wie Charlotte Beradt erzählte, denke ich . . .: Wir kamen an und wußten nicht, wohin. Gehen Sie zur neunzigsten Straße, in den Norden, riet ein Emigrant.
Wie einfach das klingt. – In Wirklichkeit war alles schwieriger, ganz bestimmt.
Auch diese Reise:

Am 1. Mai 1980 flog ich nach New York.
Ich war neugierig und voller Vorfreude, aber auch beklommen und unruhig, wußte ich doch nicht, was mich erwartete, wohl aber, was ich wünschte – und die mögliche Differenz zwischen beidem erfüllte mich mit Sorge. Außerdem war mein Englisch miserabel. Na schön, dachte ich, während ich im Flugzeug saß, wenigstens etwas, was ich mit den Emigrantinnen gemein habe: das Problem der »Sprachlosigkeit«:

Du verstehst keinen, und keiner versteht dich. Du findest einen Weg nicht und weißt nicht, wie du nach ihm fragen sollst. Du suchst Arbeit, aber wer stellt schon eine ein, die die Sprache nicht beherrscht. Du möchtest von dir erzählen, aber dir fehlen die Worte. Was auch geschieht,

du reagierst falsch, und sofort wirst du als Fremde erkannt, dabei würdest du so gern dazugehören. Natürlich ist, daß du dich unter diesen Umständen um so enger anschließt an alle, die in deiner Lage sind und deine Sprache sprechen, denn fremd in der Fremde zu sein ist schlimm genug, allein in der Fremde zu sein aber ist unerträglich. Andererseits: Du mußt an das Land heran, wenn du in ihm bestehen willst, und dazu gehört zuerst einmal, daß du die Sprache lernst. Sprachkurse für Emigranten gibt es genug. Vergiß nicht: Du willst etwas von Amerika, nicht Amerika von dir!
Elsbeth Weichmanns Stimme klingt mir im Ohr. Andere Stimmen fallen ein, und alle auf englisch.

Nach über vierzig Jahren im Exilland haben die Emigrantinnen keine Probleme mehr mit der Sprache. Episoden wie jene, die mir Elisabeth Freundlich von ihrem ersten Tag in New York erzählte, sind Vergangenheit.

– Am ersten Tag haben wir in einer Snackbar gegessen. Als wir zahlen, sagt der Kellner: You are welcome. – Da hab' ich gesagt: Wie lieb von ihm. Der weiß, daß wir eben erst angekommen sind.

Hätte mir auch passieren können, dachte ich, als sie mir dieses Erlebnis erzählte.
Aber ich war nicht so sehr in Gefahr: Schließlich hatte ich »meine Emigrantinnen«. Die würden mir schon helfen.

Mit welcher Frau auch immer ich sprach während meines Amerika-Aufenthaltes, Sprachprobleme kannte keine mehr. Die Schwierigkeiten des Anfangs waren so gut wie vergessen.
Die studierte Altphilologin und Lyrikerin Vera Lach-

mann – eine Jugendfreundin von Nelly Sachs, an deren Rettung sie maßgeblich beteiligt war –, die vor über vierzig Jahren versuchte, sich »dieses fürchterliche Englisch« durch konsequente Shakespeare-Lektüre beizubringen, und deren Stimme noch heute der Widerwillen gegen die fremde Sprache anzumerken ist, wenn sie von damals erzählt, ist eine Ausnahme. Eine Ausnahme wie auch die Journalistin Hilde Marx, die Englisch im Kino zu lernen versuchte, indem sie sich den gleichen Film ein paarmal hintereinander ansah, bis sie aus Gesten und Blicken die entsprechenden Wortbedeutungen erschlossen hatte. Beide finden noch heute die Folgen dieses individualistischen Sprachstudiums witzig. War es bei Vera Lachmann die gehobene und oft absolut unverständliche Ausdrucksweise, die die Amerikaner, mit denen sie zu tun hatte, staunen ließ, so verblüffte Hilde Marx durch den Gebrauch von Slangwörtern.
Die Regel jedoch war, daß die Emigrantinnen sich um Sprachkurse bemühten, sobald sie merkten, daß ihre Englischkenntnisse nicht ausreichten.
Sie haben getan, was zu tun war; eine Selbstverständlichkeit, nicht der Rede wert.

Auf jeden Fall leichter als sie hatten es jene Emigrantinnen, die nicht Hals über Kopf fliehen mußten, sondern zwischen Visaantrag und Visaerteilung Zeit hatten, sich zumindest sprachlich auf die neue Umgebung einzustellen. Magdalene Marcuse-Grünberg zum Beispiel, die seit 1976 wieder in Deutschland lebt, besuchte ein Jahr vor ihrer Ausreise nach Uruguay (1940 im geschlossenen Transport quer durch Europa von Berlin nach Lissabon und dann weiter per Schiff nach Montevideo) Spanisch-, Stenographie- und Schreibmaschinenkurse, die eine jüdi-

sche Vereinigung in Berlin als Vorbereitung auf das Exil veranstaltete. Mit Erfolg. An größere Sprachprobleme in der Fremde kann sie sich nicht erinnern, wohl aber an das Heimweh nach der eigenen Sprache.
Magdalene Macuse-Grünberg begann, im Exil zu schreiben, auf deutsch, englisch und spanisch. Ihre persönlichsten Texte, die Verarbeitung ihrer Exilerfahrungen, sind in Deutsch. Nicht länger vom deutschen Sprachraum abgeschnitten zu sein, bedeutet ihr viel.

Daß schreibende Frauen beziehungsweise Frauen, die beruflich viel und bewußt mit Sprache umgehen, am intensivsten über Fragen ihrer sprachlichen Identität nachdenken und die eigene sprachliche Kompetenz am kritischsten beurteilen (Charlotte Beradt: »Ich spreche Portiersenglisch«), liegt nahe. Das ist aber nicht gleichbedeutend damit, daß sie nicht in der Lage wären, sich – auch schreibend – von der deutschen Sprache zu lösen.
Gewiß gibt es Frauen wie die 1979 verstorbene österreichische Dichterin Margarete Kollisch, die nahezu trotzig darauf bestand, sich in ihren Gedichten nur auf deutsch ausdrücken zu können und zu wollen, denn die deutsche Sprache habe sie schließlich nicht ausgebürgert.
Aber die Dichterin hat mit der Zeit – der immergleiche Ton ihrer Texte beweist es – die Beziehung zur deutschen Sprache verloren. Was sie schreibt, klingt beinahe museal. Ihre Bilder sind Bilder aus der Vergangenheit. Nur die Gedichte, die die Erfahrung Amerika reflektieren, und zwar auch sprachlich, atmen Leben und verraten einen eigenen, einen neuen Blick auf die Wirklichkeit. Doch sie sind selten, sei es, weil Margarete Kollisch diesem Neuen nicht so sehr traute, sei es, weil sie schreibend bewahren wollte, was ihr verlorenging.

New York 1940

Du bist die Stadt der Höhen und der Tiefen,
Lebendige, auf totem Fels erbaut.
Wie hat vor deiner Größe uns gegraut,
Als wir der Heimat angstgequält entliefen.

Wir kannten dich aus Bildern, Büchern, Briefen.
Dein Riesenantlitz, hundertmal geschaut,
Das unvergleichliche, ward uns vertraut
Wie deine Stimmen, die uns lockend riefen.

Nun sind wir hier und alles Fremde, Neue
Erfaßt und treibt uns hin mit Sturmeswehen,
Getürmte Dächer in des Himmels Bläue,
Unrast und Lärm im Werden und Vergehen.

Nur wo in Gärten kleine Häuser stehen,
Weckt uns ein Vogelruf in alter Treue.

Aus: *Wege und Einkehr,* Wien (ohne Jahr, wahrscheinlich Anfang der sechziger Jahre), Bergland-Verlag

Und verloren ging nicht nur die Sprache, sondern auch der Traum vom Beruf der Schriftstellerin. In Österreich war Margarete Kollisch ein vielversprechendes Talent gewesen. Nach dem Studium der Neueren Philologie hatte sie zuerst als Lehrerin, dann als Übersetzerin und Journalistin gearbeitet und erste literarische Texte in Anthologien veröffentlicht.

Seit der Emigration nach New York zusammen mit ihrem Mann, einem Architekten, und ihren drei Kindern bestand dazu keine Möglichkeit mehr. Margarete Kollisch mußte Geld verdienen. Eine Zeitlang war sie Sekretärin bei einem Antiquar, später, nachdem sie eine Lizenz als Heilmasseurin erworben hatte, arbeitete sie als Therapeutin, und zwar fünfundzwanzig Jahre lang. Gedichtet hat sie nur noch ›nebenbei‹. Wie wichtig diese Tätigkeit dennoch für sie gewesen sein muß, verraten die Konzentration und Genauigkeit, mit der mir ihre Tochter Eva ihr Werk nahezubringen versuchte.

Amerikanischer Tag

Schön ist der Tag,
eingeteilt in Längen- und Breitengrade,
Nord, Süd, Ost und West,
flach und horizontal eingeteilt
wie eine Landkarte.
Kein Fußweg führt von Grad zu Grad,
nur uferlose Straßen,
auf denen man rast, –
schön ist der Tag, keep smiling, –
rast als ein Tier auf vier Rädern,
als eine Herde von gleichen Tieren
im gleichen Schritt auf vier Rädern,
eine rasende Karawane, –
schön ist der Tag, keep smiling, –
hintereinander,
nebeneinander,
gegeneinander,
nur nicht miteinander, –
schön ist der Tag, keep smiling, –
eingeteilt
zwischen gelben Gitterstäben,
flach und horizontal,
ein rollender Käfig.

Schön war der Tag,
wenn der Feierabend
lässige Schwingen breitet,
segnet das Tier auf vier Rädern,
dem ein Mensch entsteigt,
auferstehend mit eigenem Schritt,

müde und traumbereit –
und muß nicht mehr lächeln.
Schön war der Tag.

Aus: *Unverlorene Zeit,* Wien 1971, Österreichische Verlagsanstalt

Es gelang Eva Kollisch, meinen Blick zu schärfen dafür, was es für einen Schriftsteller bedeutet oder bedeuten kann, vom vertrauten Sprachraum abgeschnitten zu sein.
Daß es nicht nur Resignation und langsames Verstummen oder verzweifeltes Festhalten an vergangenen Inhalten und Ausdrucksformen sein müssen, sondern auch Neuanfang und Umdenken, auch dafür gibt es Beispiele genug; selten unter den schreibenden Männern, häufiger unter den schreibenden Frauen.
Ich denke dabei an bekannte und weniger bekannte Frauen:
Bekannte – wie Gina Kaus, die unter dem Druck der Verhältnisse (sie hatte sechs Personen zu ernähren) den Sprung von der Romanautorin zur Drehbuchschreiberin schaffte, oder die Philosophin Hannah Arendt, der es englisch schreibend gelang, sich als amerikanische Autorin zu etablieren.
Unbekannte – wie Ruth Tessoni und Hilde Marx, beide um einiges jünger als die Erstgenannten, die am Anfang einer vielversprechenden Karriere standen, als sie emigrieren mußten.

Ruth Tessoni – sie floh 1935 nach Paris, nahm 1936 am spanischen Bürgerkrieg teil, lebte danach wieder in Paris bis zur Emigration in die USA (1940) und wohnt heute in Italien – hat sich nicht nur von ihren jeweiligen Emigrationsorten zu Erzählungen inspirieren lassen, sondern mit den Orten auch die Sprache gewechselt. Erst in den letzten Jahren hat sie wieder begonnen, auf deutsch zu schreiben.

Hilde Marx lebt heute in New York. Sie arbeitet als freie Journalistin für den *Aufbau*, hält Vorträge und veranstaltet Rezitationsabende. Gedichte schreibt sie nur noch selten. Ihr letzter Gedichtband ist 1951 erschienen. – Dabei hatte es mit Gedichten angefangen.

– Ich hab' angefangen zu schreiben, bevor ich schreiben konnte. Ich habe meinen Eltern Gedichte diktiert. Das waren große Geheimnisse, die in der Familie herumgeschickt wurden.

Noch als Gymnasiastin gewinnt Hilde Marx den Jean-Paul-Preis und kurz darauf den ersten Literaturpreis der Jüdischen Gemeinde in Berlin. Sie studiert Literaturwissenschaft und Zeitungskunde. Als sie nach fünf Semestern zwangsexmatrikuliert wird, beginnt sie, praktisch zu arbeiten. Sie veröffentlicht bei Ullstein, Mosse und im Berliner Tageblatt. Meistens sind es Gedichte, seltener Feuilletons, fast nie (und wenn, dann – so sagt sie – schlechte) Kurzgeschichten. Zwei Gedichtsammlungen erscheinen während dieser Zeit. Die zweite wird verbrannt, und zwar

– direkt nach Thomas Mann, weil ich im Alphabet gleich hinter ihm kam. Das war einer der stolzesten Momente in meinem Leben.

Erst 1937 – »sehr spät, aber ich dachte, einer muß ja aushalten« – emigriert sie in die ČSR, die Heimat ihrer Mutter, 1938 dann weiter in die USA. Ein Geschäftsmann aus Chicago, der irgendwann einmal zufällig einen Artikel von ihr gelesen hatte und seitdem davon überzeugt war, daß so ein Mensch wie sie nichts in Nazi-Deutschland zu suchen habe, ermöglicht ihr die Einreise. Hier wie dort versucht sie, als Journalistin zu arbeiten. In der

ČSR gelingt es ihr, in den USA nicht. Sie zieht die Konsequenzen.

– Ich kam rüber und konnte natürlich nicht mit »Hello« und »Thank you« mein Leben machen. Und mit deutschen Gedichten natürlich auch nicht. Ich habe dann, glaube ich, so ungefähr vierzehn verschiedene Jobs gehabt. Lauter Sachen, von denen ich keine Ahnung hatte. Kindermädchen war ich, Verkäuferin und einmal sogar Betreuerin für einen alten Mann. Aber das ging nicht gut. – Ja, und dann bestand die Möglichkeit, meine Eltern aus Deutschland rauszuholen, und dafür brauchte ich mehr Geld als die zwanzig Dollar, die ich in der Woche verdiente. So kam es, daß ich mein Hobby zu meinem Beruf gemacht habe: Ich bin Masseurin geworden und habe Gymnastik unterrichtet. Natürlich alles mit staatlichem Diplom, die Lizenz mußte jedes Jahr erneuert werden.

Mit dem Schreiben hat sie deshalb nicht aufgehört. Sie könnte es sich auch gar nicht vorstellen.

– Ich habe immer geschrieben, auch für die Schublade. Wie eine Fabrikarbeiterin dreckig aus der Fabrik kommt und sich dann wäscht und sauber an ihren Tisch setzt, so war das. Anlaß zum Schreiben war, was ich erlebte. Ja, und die Verarbeitung dessen, was ich drüben erlebt hatte. Das hat sich erst nach und nach herauskristallisiert. Ich glaube, es ist, wie wenn man angeschossen wird, das merkt man im ersten Augenblick auch nicht.

Ballade um einen Abschied (1938)

Zwischen Shanghai, Paris und dem Cap:
tausende Brüder verstreut.
Zwischen Shanghai, Paris und dem Cap:
Welten voll Einsamkeit.
Meere und Schiffe und Schienen und Züge –
Fieber in unserm Gehirn,
während in lächelnder Abschiedslüge
trostlose Tränen irrn.

Wir schwiegen aus Angst nicht und redeten viel
und gaben uns sehr oft die Hand
und bauten mit Worten den Sinn und das Ziel
in ein Land, in irgendein Land.
Welches Land? Ach, es war so egal,
hielt es die Tür uns nur offen.
Nur weiter! Die Bahnhofsluft schmeckte so schal
und der Pfiff eines Zuges hat jedesmal
Tausend ins Herz getroffen.
Und immer war wieder ein Abschied vorbei.
Die Züge, die Schiffe fuhren
und wir trabten wieder ins Einerlei.
Aber Brand fraß die Zeiger der Uhren
und jede Stunde schrie's einem zu:
Was denkst du so viel an die andern?
Kann sein: schon morgen, schon heute wirst du
selber wandern und wandern und wandern –
Wir deckten den Blick mit der zitternden Hand
und schluckten Verzweiflung hinunter.

Nur ein Land – ganz egal – nur irgendein Land!
Und plötzlich, eh man's noch richtig verstand,
war man selber mitten darunter.
Da türmten sich Koffer zum höhnischen Berg,
man rannte treppauf und treppab
und war nichts als ein hilfloser Zwerg
für den's kein Zuhause mehr gab.
Die Kisten standen am vorletzten Tag

wie verlorn in der Wohnung herum.
Durch die Leere tönte nur Herzensschlag
und die Wände blieben so stumm.
Und wieder ein Abschied – Und dieses Mal fuhr
man selber ins Dunkel hinaus.
Verlassenheit – Einsamkeit – Fremde nur –
und nirgends ein schützendes Haus . . .

Doch seltsam: nach erster durchweinter Nacht,
da wurd es in einem groß:
ein Mut, der im Sturmhauch der Zukunft erwacht,
und er riß aus den Tränen sich los
und er wuchs und er wuchs und er ahnte die Bahn
und zögernd folgte der Schritt.
Und der neue, der glückliche Mut flog voran
und bereit war alles und aufgetan
und der Mut riß das Leben mit.

1943 heiratet Hilde Marx einen Jugendfreund, der bereits seit 1934 im Land ist. Einen Arzt, mit dem sie drei Töchter hat. Sie gibt ihren Beruf als Masseurin auf. Besonders schwer fällt es ihr nicht, denn so gern hat sie ihn nie ausgeübt, obwohl sie ihm die eine oder andere Erkenntnis über reiche Amerikanerinnen und deren Eheleben verdankt sowie ein mehrstündiges Repertoire von Gedichten, die sie durch fleißiges Memorieren während der Massage für alle Zeiten auswendig lernte; einzig und allein, um mit ihren Patientinnen nicht sprechen zu müssen.
Daß es dennoch richtig war, nicht nur mit dem Kopf, sondern auch mit den Händen zu arbeiten, daran besteht für sie bis heute kein Zweifel. Es hat sie näher an das Land herangebracht.
Dieser und ein anderer Beruf, den sie sich – kaum verheiratet und die Kinder noch klein – im Anschluß daran aufbaute: Sie wurde eine Vortragskünstlerin, eine Rezita-

torin, sie machte »Shows«, »One-woman-Shows«. Sie tat das, was Klaus Manns Marion von Kammer in Amerika tat. Sie reiste von Universität zu Universität, von kulturеller Vereinigung zu kultureller Vereinigung:
»Da sie sich fast immer an Amerikaner wendete, schien es ihr ratsam, die Rezitationen deutscher Verse einzuschränken und die begleitende, erläuternde Rede ausführlicher zu machen. Ihr Englisch wurde fließend; ihr Akzent war gut. Sie erzählte, auf dem Podium stehend, vom ›anderen, besseren Deutschland‹, vom guten, alten Europa und seinem Ruhm (. . .) Sie verstand es, zu amüsieren. Die Anspielungen aufs Aktuelle, auf Personen und Probleme des Tages, wurden dankbar belacht. Sie berichtete von Heines Leben in Paris, von Lessings Polemiken, Goethes fürstlich erhöhter, einsamer Existenz – ehe sie die Verse und Prosastücke sprach. Auch von den Lebenden, den Emigranten wußte sie Geschichten, die rührten und unterhielten. Es folgten die Dichtungen, oft in englischer Übersetzung. Die Rezitation bekam mehr und mehr den Charakter von sparsam verwendeter Illustration. Die Einführung, Deutung, politisch-moralische Schlußfolgerung ward das Wesentliche, Zentrale.«
Ob es wirklich so eindrucksvoll war? – Wir wissen, Klaus Mann neigt zu Übertreibungen.
Wichtig war es auf jeden Fall, und zwar nicht nur für die Zuhörer, sondern auch für die Vortragende.
Hilde Marx:
– Ich glaube, ein Mensch, der schöpferisch lebt, braucht das Echo. Ich habe lebendige Zuhörerschaft gebraucht. Ich brauchte Applaus, ich brauchte Kritik. Ich kann nicht in ein Vakuum hineinarbeiten. Wie man ja auch nicht schreiben und schreiben kann, ohne je was zu veröffentlichen. Für mich war das so eine Art Mög-

lichkeit, etwas zu veröffentlichen, denn ich habe ja auch eigene Texte vorgetragen.

Zuerst habe ich vor allem vor Emigranten gesprochen. Ich war in Berlin schon im Kulturbund aufgetreten, und Leute, die mich noch aus der Zeit kannten, haben mich auf die Idee gebracht, hier auch so etwas zu machen. Später kamen dann die Universitäten dazu. Eine jüdische Studentenorganisation, die Hillel-Foundation, hat das für mich organisiert. Ich bin in den Deutsch-Departments verschiedener Universitäten aufgetreten. Ja, ich muß sagen, vor Studenten habe ich am liebsten gesprochen.

1959 tritt sie im Haus von Eleanor Roosevelt auf. Nach außen hin die Krönung ihrer Laufbahn, für sie jedoch kein einschneidendes Erlebnis. Was für sie zählt, ist nicht der äußere Erfolg, sondern das Gefühl, sich mitgeteilt zu haben und verstanden worden zu sein. Sie hat eine Botschaft.

Ihr erster Brief, den sie mir schrieb, klang selbstbewußt und informationsbereit, mein Arbeitsvorhaben fand sie »äußerst interessant«, sie freute sich auf mich und war sicher, »mir einiges bieten zu können« (18. Juni 1979).

Wie ich sie gefunden hatte? – Ich hatte ihren Namen im Verzeichnis des internationalen PEN gelesen und unter einigen Artikeln im *Aufbau*, als ich ihn vor Jahren in der Deutschen Bibliothek in Frankfurt durchsah, in der Hoffnung, etwas über die beruflichen, sozialen und kulturellen Aktivitäten der Frauen im Exil zu erfahren. Die Spalte »Wir bauen auf«, in der über Firmengründungen deutscher Emigranten in New York berichtet wird, schien mir besonders vielversprechend zu sein. Meldungen wie »Die Musiklehrerin XYZ, Gattin des bekannten

Berliner Chirurgen Professor Doktor XYZ, eröffnete eine Zuckerbäckerei am Broadway, Ecke neunzigste Straße« versetzten mich damals in helles Entzücken, gaben sie doch Auskunft über weibliche Tatkraft und weiblichen Einfallsreichtum. Daß ihre Zusammenstellung letzten Endes nur statistischen Wert haben würde, wenn es mir nicht gelänge, eine dieser Firmengründerinnen aufzutreiben und zu befragen, wurde mir erst nach der Durchsicht diverser Jahrgänge klar.
Ich gab es auf und wandte mich den Artikeln zu: Welche Frauen hatten im *Aufbau* geschrieben, und welche davon lebten noch?

So stieß ich schließlich auf Hilde Marx, die inzwischen seit über vierzig Jahren für den *Aufbau* arbeitet. Zuerst waren es vor allem Gedichte, die sie veröffentlichte, heute sind es Rezensionen und eine Porträtkolumne mit dem Titel: »Einer von uns«.
Ich beschaffte mir ihre Adresse und schrieb ihr, sie antwortete umgehend, und im Mai 1980 saßen wir uns in ihrem Haus in Queens gegenüber.
Queens, das ist Amerika, hatte Charlotte Beradt gesagt. – Mittelstands-Amerika. Eine stille Straße, gepflegte Bungalows, alle mit ein bis zwei Garagen, vorne Rasen, hinten Rasen. Vögel zwitschern, irgendwo kläfft ein Hund. Friedlich, denke ich, und ein bißchen langweilig.
Mit diesem Eindruck ist es vorbei, kaum daß mir Hilde Marx die Tür geöffnet hat. Sehr lebendig, sehr beweglich ist sie – eine attraktive Frau. Ich mache ihr Komplimente. Sie lacht. Ja, die Emigration habe auch ihr Gutes gehabt. Als sie in New York angekommen sei, habe sie 182 Pfund gewogen. Die habe sie sich hier abgearbeitet – Massieren mache ja vor allem den Masseur schlank! –

und abgehungert. Satt gegessen habe sie sich eigentlich nur, wenn sie eingeladen gewesen wäre. Wir lachen. Das Eis ist gebrochen. Sie zeigt mir Bilder ihrer Töchter und ihres Mannes (er ist seit einigen Jahren tot), ihr Hund drückt sich schwanzwedelnd an meine Beine. Ob ich etwas essen möchte? – Vielleicht nach dem Gespräch.

Wir setzen uns auf eine Art Veranda, den Kassettenrekorder stelle ich auf den Tisch zwischen uns. Kaum läuft das Gerät, beginnt sich Hilde Marx von der liebenswürdigen Vorstadt-Hausfrau in eine engagiert denkende und präzise formulierende Vortragskünstlerin zu verwandeln; und zwar in jene Sorte, die Eigenes vorträgt: Gedanken und Erkenntnisse, gewonnen aus den Erfahrungen der Emigration; auch Wünsche und Hoffnungen für die Zukunft.

Sie nimmt sich wichtig. Mit Recht. Denn was sie denkt und sagt, haben mir so und ähnlich viele Emigrantinnen zu verstehen gegeben, nur versteckter und vorsichtiger, weniger eloquent.

In Hilde Marx' Credo begegnen mir Gefühle und Einsichten, die ich aus anderen Gesprächen kenne.

»Für mich gibt es nur eines: nicht den Haß wachhalten, sondern die Tatsachen. Das heißt: erzählen, was wirklich war. Ich spreche nicht von den Konzentrationslagern, darüber gibt es genug. Ich spreche über den Alltag; was es bedeutet hat, wenn sich ein Mensch, den man gut kannte, auf der Straße plötzlich umdrehte, um nicht gegrüßt zu werden. Diese hundert Kleinigkeiten, die einen zermürbt haben. – Das ist ein Trauma. Das bleibt. Das kann nicht vergehen, und das soll nicht vergehen.

Ich war oft in Deutschland. Ich weiß, es gibt Emigranten, die sagen: Deutschen Boden betrete ich nie wieder. – Blödsinn! Der Boden hat uns nichts getan. Und die Spra-

che hat uns auch nichts getan. Aber die Menschen ... Ich gebe zu, wenn ich auf einen Deutschen über Sechzig treffe, dann ist da eine Zurückhaltung. Wenn mir ein älterer Kellner eine Tasse Kaffee hinstellt, überlege ich: Was haben diese Hände getan? – Aber ich kann es nicht über mich bringen, Menschen zu beschuldigen, von denen ich es nicht weiß. Denn was ich weiß, ist, daß die Konzentrationslager nicht nur voller Juden waren, sondern auch voller Deutscher. Und ich weiß auch von den vielen Deutschen, die emigriert sind, obwohl sie es nicht mußten. Wir mußten. – Ich finde, daß das leider sehr oft vergessen wird.
Natürlich bin ich nicht objektiv, wenn ich in Deutschland bin. Gewiß, vieles hat sich verändert, es ist viel geschehen inzwischen ... Nein, ich rede jetzt nicht von Wiedergutmachung. Wiedergutmachung gibt es nicht. Materielle Verluste kann man wiedergutmachen, aber die anderen ...? Nein. – Ich erinnere noch gut, wie es damit anfing. Diese Fragebögen! Wie viele Tage waren Ihre Eltern im Konzentrationslager? Als ob das einer bezahlen könnte ... ! – Aber vielleicht gibt es so etwas wie eine seelische Wiedergutmachung. Von Menschen, die damals noch gar nicht geboren waren. In Deutschland.
Dennoch fühle ich mich fremd dort. Ich würde niemals bei euch Ferien machen. Ich fahre hin, um zu arbeiten. Alles andere käme mir vor wie ein Tanz auf Gräbern. Heimat? Nein. Das Gefühl Heimat kenne ich nicht mehr. Heimat ist kein bestimmtes Land. Das habt ihr mir ausgetrieben. Heimat ist höchstens in mir. Ich bin weder stolze Amerikanerin noch gewesene stolze Deutsche, noch stolze Jüdin. Ich bin ein Mensch aller Welten. Nationale Unterscheidungen gibt es nicht mehr für mich. Es gibt nur noch Menschen, gute und schlechte, überall und

in allen Farben. Ich habe Nationalismus früh erfahren – die Enkel von Richard Wagner, mit denen ich zusammen in die Schule gegangen bin, haben mich angespuckt –, und ich weiß heute, daß es Frieden erst geben wird, wenn die Grenzen fallen und aller Nationalismus verschwindet und wenn niemand mehr Profit an Kriegen macht.
Durch alles, was ich erlebt habe, habe ich den Glauben an Gott verloren, aber den an die Menschen gefunden.
Das ist verständlicher, produktiver und realistischer.
Vor allem produktiver: Man kann etwas daraus machen.
– Sehen Sie, es ist einfach, alles auf Gott zu schieben, und es hat sicherlich vielen Menschen geholfen, die sonst die schlimmen Nachrichten nicht ertragen hätten. Es war sein Wille . . . Nur: Wie kann ich Gott dafür verantwortlich machen, was die Menschen tun? Nein, für mich sind die Menschen die Verantwortlichen. Wir tragen Verantwortung, wir selbst!
Diese Erkenntnis ist die Basis meiner Arbeit. Ich habe es zu meinem Beruf gemacht, Zeugnis zu geben. Das ist meine moralische Pflicht der nächsten Generation gegenüber.
Ich bin eine Überlebende. Eine Augenzeugin, die weitergibt, was sie aus ihrer Geschichte gelernt hat.
Ich will gefragt werden.«

Ich frage, wieviel die Tatsache, daß sie emigrieren mußte, an ihren Einstellungen geändert habe.
Alles, antwortet sie ohne Zögern. Die Emigration habe sie politisiert, und die Emigration habe sie menschlicher gemacht. Sie habe die Umwertung aller Werte erfahren, und es habe ihr gutgetan. In Deutschland wäre sie wahrscheinlich als behütete Ehefrau eines wohlhabenden Ehemannes geendet, Literatin, Vorstand eines Wohltätig-

keitsvereins und zu Haus fürs Grobe ein Dienstmädchen zur Verfügung:

– Im Exil hab' ich gelernt, wie es sich anfühlt, ein Dienstmädchen zu sein, weil ich selber eines war. – Und es war erstaunlich, was ich alles nicht gewußt habe. Jetzt weiß ich es. Und so komisch es klingt, irgendwie bin ich sogar dankbar dafür.

Das hätten mir viele Frauen gesagt, werfe ich ein. Der Neuanfang habe ihnen gutgetan ...

– Ja, antwortet sie, aber nur den Stärksten. Es war ein Überleben der Stärksten. Viele sind daran kaputtgegangen.

Und dann schweigt sie.

Ob sie Feuchtwanger kennt?

Denn es ist so, daß Leiden nur den Starken stärker, den Schwachen aber schwächer macht.

Oder Irmgard Keun?

Ich muß mich schwächer zeigen, als ich bin, damit er sich stark fühlen und mich lieben kann. –

Sätze klingen in mir nach.

So viele Emigranten es gibt, so viele Emigrantenschicksale gibt es, hat Elsbeth Weichmann zu mir gesagt. *Die* Emigrantin oder *den* Emigranten werden Sie nicht finden. Die Stimmen werden lauter. Einige sind jetzt deutlich zu verstehen.

Magdalene Marcuse-Grünberg: Es hat einen bereichert oder kaputtgemacht.

Charlotte Beradt: Er ging nicht mehr aus. Er wollte nicht gefragt werden.

Elsbeth Weichmann: In gewissem Sinne war die Emigrantengesellschaft die menschlichere Gesellschaft.

Ruth Liepmann: Sie können sagen: Diese Person ist völ-

lig aus ihrer Bahn geworfen worden. Aber ich bereu' das nicht.
Ruth Fabian: Nur Zufälle haben uns gerettet.

Sind Stärke und Schwäche ein Zufall?
Soll ich denn nie erfahren, wie es wirklich war?
Immer nur Stimmungen, Blicke, Episoden ... Eine unendliche Geschichte, darin als Fixpunkte, Ruhepausen gleich, die Daten. Die einfachen Antworten auf einfache Fragen.
Zum Beispiel: Wieviel haben Sie verdient? Und womit? –
Sechs Emigrantinnen berichten aus New York:
Elisabeth Viertel-Neumann, Schauspielerin aus Wien, war jeder Job recht, wenn sie nur nebenbei Theater spielen konnte:

– Ich war gewillt, alles zu nehmen. Und das haben die Leute gespürt. Wissen Sie, wenn die Leute merken, daß man arbeiten will, dann kriegt man auch was. Und ich brauchte ja Geld, um Affidavits zu beschaffen. Ich hab' dann beim Zahnarzt gearbeitet, halbtags seine Instrumente gereinigt für sechs Dollar die Woche. Wenn ich den weißen Kittel anhatte, hab' ich mir halt vorgestellt, ich spielte eine Rolle.
  Später bekam ich dann eine Stelle bei Tourneur. Das ist eine große Kosmetikfirma. Die haben mich für fünfzehn Dollar die Woche ins Büro gesetzt und mich die dümmsten Sachen machen lassen. Und ich habe ihnen Schminken gezeigt. – Inzwischen waren meine Freunde aus Wien da, und wir haben mit den Proben für unser erstes Musical angefangen. »The Music-Box from Vienna« hieß es. Da hab' ich tags gearbeitet und abends probiert. Bis ich wieder drin war im Theater. In der Zeit hab' ich auch meinen Mann kennengelernt,

den Berthold Viertel, und da war sowieso alles wunderbar!

Ich wußte immer: Es geht. Ich werde mich durchsetzen.

Gaby Glueckselig, Goldschmiedin aus Deutschland, der es gelang, in ihrem erlernten Beruf unterzukommen:

– Am Anfang hab' ich fünfzehn Dollar die Woche verdient. Das klingt entsetzlich wenig. Aber jeden Freitag am Zahltag konnte ich mir um drei Dollar entweder einen Hut kaufen oder eine Bluse oder irgendwas. Ich hab' billig gewohnt. Ich hab' mir ein möbliertes Zimmer mit Kochgelegenheit mit einem anderen Mädchen geteilt. Bis dann die schlimmen Nachrichten aus Deutschland kamen, hatten wir eigentlich viel Spaß ...

Mimi Grossberg, gelernte Modistin aus Österreich, fand für acht Dollar die Woche eine Anstellung bei einer Hutmacherin in der Bronx:

– Diese Frau hat mich ganz schön ausgenutzt. Aber eine Woche später hat mich eine andere Huthändlerin angesprochen und mich für das Doppelte engagiert. Sechzehn Dollar! Das war damals schon Geld. Wir haben in einer Woche für uns beide fünf Dollar zum Essen gebraucht. Für das Wohnen haben wir sieben Dollar gezahlt. Wir haben uns also schon selbst erhalten können.

Hilda Bondi, die in Wien eine Gesangsausbildung gemacht hatte, nähte für achtzehn Dollar die Woche Handschuhe:

– Mein Mann war Stoffentwerfer. Er hat sofort eine Stellung gefunden in seinem Beruf. Er hat fünfunddreißig Dollar die Woche verdient. Zehn Dollar hat er mir für die Wirtschaft gegeben, und sechzig Dollar hat die Wohnung gekostet. Das war für damalige Verhältnisse viel Geld. – Ich bin dann mit dem Wirtschaftsgeld nicht ausgekommen. Nicht daß wir über unsere Verhältnisse gelebt hätten ... Aber es kamen so viele Emigranten zu uns, Musiker, die ich noch aus Wien kannte und denen es hier schlechtging. Und ich mag niemanden fortgehen lassen, ohne daß er eine Suppe gegessen hat. Und da ist es mir manchmal mit dem Geld nicht ausgegangen. Also hab' ich mir gesagt: Jetzt geh' ich auch verdienen. Ich kann das, und ich will das. Also habe ich Handschuhe genäht. Das hatte mir in Wien mal eine Freundin beigebracht. Ja, ich habe im Exil das erste Mal in meinem Leben Geld verdient. Ich habe von früh um acht bis abends um sechs gearbeitet. Manchmal habe ich fünf Paar Handschuhe an einem Tag genäht. Vor der Arbeit habe ich das Essen vorbereitet für abends, so konnte ich nach dem Abendessen noch etwas weiternähen. Außerdem habe ich viele Emigrantenfrauen im Handschuhnähen unterrichtet. – Viel verdient habe ich nicht. Es reichte hinten und vorne nicht, denn mein Mann war inzwischen arbeitslos geworden. Er hatte Stoffe entworfen für Krawatten, aber während des Krieges brauchte niemand Krawatten. Ich hab' mich dann selbständig gemacht, um mehr zu verdienen.

Gisela Graf, Juristin aus Deutschland, reparierte Reißverschlüsse:

– Mein Bruder hatte eine kleine Reparaturwerkstatt eröffnet und reparierte Reißverschlüsse. Das habe ich dann auch gemacht. Ich habe das erste Mal in meinem Leben mit den Händen gearbeitet, und ich war bald die schnellste Arbeiterin. Dabei war ich früher immer so ungeschickt gewesen. Vierzehn Dollar die Woche habe ich bekommen. Das reichte knapp. Ich habe zusammen mit anderen Emigranten in einem Boardinghouse gelebt, und wir haben gemeinsam gewirtschaftet. – Ich habe nie daran gedacht, mein Examen nachzuholen. Ich wollte nicht mehr. Ich wollte eigentlich nichts mehr. Genug zu essen, ein neues Kleid, das waren meine Sorgen. Ich wollte nichts mehr besitzen. Wenn ich denke, wie viele umgekommen sind, weil sie der Besitz zurückgehalten hat . . . Nein. Die Hauptsache ist doch, daß man weiterlebt. Alles andere ist nicht wichtig. Was soll ich mit einem besonderen Job? Er würde mir doch nur die Zeit nehmen, das zu tun, wozu ich Lust habe. Nein, nach diesen Erfahrungen ist das alles nicht mehr so wichtig. – Komisch . . .

Ganz anders Mary S. Rosenberg, Buchhändlerin aus Deutschland, die in New York ein Antiquariat aufbaute, sich als Verlegerin versuchte und heute *die* Sortimenterin für deutschsprachige Literatur ist:

– Ich habe das gemacht, was ich konnte. Und ich hatte Glück. Ich hatte genug Geld, mich über Wasser zu halten. Meine Freundinnen sind in den Haushalt gegangen, Fußböden wischen. Ich hab' das Geschäft probiert und mir gesagt: Wenn's nichts wird, höre ich auf. In den Haushalt kann ich immer noch. – Außerdem war ich unverheiratet. Mit Kindern wäre es schwieriger gewesen.

Also das Antiquariat. Eines Tages habe ich einen Bekannten getroffen, der mir erzählt hat, daß er Hausrat von Emigranten kaufe, Sachen, die sie mitgebracht hätten, aber hier nicht brauchten . . . Und da wären auch oft Bücher drunter; und ob ich die nicht haben möchte. – Na gut, ich habe sie genommen, katalogisiert und einem deutschen Buchhändler angeboten.

> Der hat mir dafür zehn Dollar gegeben, und die hab' ich den Emigranten gegeben. Die Bücher, die der Buchhändler nicht haben wollte, habe ich als meinen Verdienst behalten. So fing das an. An- und Verkauf in einem möblierten Zimmer. Und es ist mir gutgegangen. Ich war nicht reich, aber ich habe auch nie gehungert.

Sechs Emigrantinnen haben aus New York berichtet. Die Frage, die ich ihnen stellte, lautete: Womit haben Sie Ihr Geld verdient, und wieviel haben Sie verdient?
Eine einfache Frage, dachte ich, und die einfachen Antworten, die ich erwartete, meinte ich zu allgemeinen Aussagen über das Leben der Frauen im Exil zusammenfassen zu können. Ganz sachlich, ganz statistisch: Man treffe dreißig Emigrantinnen, lasse sich ihre Lebensgeschichte erzählen, entnehme ihr diverse Daten, fasse sie zusammen und ermittle so die »Durchschnitts-Emigrantin« in Hinblick auf Alter, Ausbildung, Familienstand, Beruf, Verdienst ...
Ein Irrtum, und sinnlos dazu. Denn kaum von der Lebensgeschichte getrennt, strebte die Aussagekraft der Daten gen Null, als wäre der Preis für Objektivität der Verzicht auf Inhalte. Was heißt schon, wenn eine Frau im Durchschnitt fünfzehn Dollar die Woche bekam, solange ich nicht weiß, wie sie davon lebte? – Welten liegen zwischen Hilda Bondis achtzehn Dollar, die sie verdiente, um bedürftige Freunde unterstützen zu können, und Gaby Glueckseligs fünfzehn Dollar, ihrem Freitag-Vermögen. Welten wie zwischen Mary Rosenberg, die in New York anfing, wie sie in Nürnberg aufgehört hatte, als Buchhändlerin nämlich, und Gisela Graf, die im Exil nichts mehr tun wollte, was sie an ihr früheres Leben

hätte erinnern können. Und wenn Mimi Grossberg nachträglich jubelt: »Sechzehn Dollar! Das war damals schon Geld!« (wohlgemerkt: für zwei Personen) und Hilde Marx zwanzig Dollar nicht viel findet (trotz bescheidenster Lebensführung: Satt gegessen habe sie sich nur, wenn sie eingeladen gewesen sei), so sagt das mehr über ihre soziale Herkunft aus als über ihren Alltag im Exil.
Was also bleibt allen gemeinsam? – Die Fähigkeit zur Anpassung. Und um das zu beweisen, bedarf es weniger der Daten und mehr der Geschichten.
Außerdem: Wenn Antworten auf Fragen, die auf die äußeren Bedingungen des Lebens im Exil zielen, bereits so kompliziert und wenig systematisierbar sind, wie wird das dann erst bei jenen sein, die auf Fragen nach der inneren Verfassung der Emigrantinnen gegeben werden? Stichwort: Verhältnis zu Sprache und Heimat.

Zum Beispiel Hilda Bondi; Wienerin in New York, die mir in einem Atemzug und in schönstem Wienerisch erzählte, daß sie niemals Heimweh nach Wien gehabt habe, vom ersten Tag in New York an nicht, aber daß sie sich nach wie vor ganz und gar als Wienerin fühle; Hilda Bondi, die sich wohl fühlt bei den Vorträgen und Konzerten im Austrian Institute und fremd und verloren auf einem Spaziergang durch die Wiener Neustadt.
Österreich ist ein Ferienland für sie geworden, richtig schön erst, wenn sie Menschen trifft, die sie von früher kennt; Wienerin ist sie in Amerika, hier hat sie ihre Freunde, Emigranten und (was sie sehr betont) Amerikaner.

Erinnerungen, Bilder (IV):
Ein dunkles Eßzimmer. Die Kredenz stammt noch aus Wien, auch der Schreibtisch in der Ecke. Das Klavier hat

ihr ihr Mann in New York gekauft. Das andere hatte den Transport nicht überstanden. Hilda Bondi musizierte früher gern und viel. Noch lieber sang sie. Damit habe sie in der ersten Zeit einiges Geld hier verdienen können, erzählt sie mir und kramt dabei vergilbte Programmzettel aus den Schubladen. Einmal sei ihr für einen Auftritt zusammen mit einer sehr bekannten Harfenistin extra ein Kleid geschneidert worden, hell- und dunkellila, wunderschön. Das habe sie dann später ihrer Freundin nach Wien geschickt, denn solche Kleider hier zu tragen, hätte sie ja doch nie wieder Gelegenheit gehabt. – Ihre Stimme klingt vergnügt. Ja, Musik sei ihr Leben. In einem Emigrantenchor habe sie auch mitgesungen. Sehr, sehr schön sei das gewesen. Nein, ein unglücklicher Mensch sei sie wirklich nicht. Sie habe zwar nicht viel, aber sie genieße ihr Leben. Vor allem jetzt, wo sie sich ihre Zeit selbst einteilen könne. Ihr Mann sei seit vierzehn Jahren tot. Aber sie fühle sich nicht allein. Dreimal in der Woche kümmerte sie sich um Kranke, und außerdem habe sie ja ihre Musik. Der schönste Tag der Woche sei der, an dem sie ins Konzert gehe.

Heute – Samstag, der 17. Mai 1980 – ist so ein schönster Tag. Sie hat mich eingeladen, ihn mit ihr zu verbringen – in der Carnegie Hall. Auf dem Programm steht Prokofjew, die Sinfonie No. 5 und die Alexander-Nevsky-Kantate, es spielt das Milwaukee Symphony Orchestra unter der Leitung von Kenneth Schermerhorn. Ihre Vorfreude ist so ansteckend, daß ich schließlich das Gefühl habe, einem herausragenden kulturellen Ereignis beiwohnen zu dürfen, und es gar nicht mehr abwarten kann. Aber vorher wird noch zusammen gegessen. Auch dazu hat sie mich eingeladen. Der Tisch ist für drei gedeckt. Ich sei doch allein hier.

Es klingelt. Ein Theaterwissenschaftler kommt. Wir sprechen über meine Arbeit. Er fragt nach Ergebnissen. Ich zögere.

Ergebnisse?
Keines gibt es, das sich nicht widerlegen ließe, einmal abgesehen von Pauschaleinschätzungen. Jedes Beispiel hat sein Gegenbeispiel.
Das Exil ist eine Existenz des Widerspruchs, der Zweideutigkeit. Der lebensbestimmende Anspruch, in der Fremde zu Haus sein zu müssen, ohne sich selbst fremd zu werden, und die von Emigrant(in) zu Emigrant(in) verschiedenen Grade seiner Einlösung bestimmen jedes Ergebnis. Eindeutigkeit ist damit ausgeschlossen. Nur in Gleichungen zu antworten, erscheint mir möglich; in Gleichungen wie dieser: Je geklärter und selbstverständlicher das Verhältnis der Emigrant(inn)en zur »neuen Sprache« ist, desto integrierter sind sie in die »neue Welt«.
Noch einmal zurück zu Hilde Marx. Wie schreibt sie, auf englisch oder auf deutsch?
– Ich schreibe in beiden Sprachen. Seitdem ich es genug kann, schreibe ich sehr viel auf englisch.
– Und wie entscheiden Sie sich für die jeweilige Sprache?
– Es geschieht. Es geschieht unbewußt, so wie ich mir auch nicht vornehme, in einer bestimmten Form zu schreiben. Ein Wort, ein Satz, ein Erlebnis löst es aus.
Indirekt bestätigt wurde diese Aussage durch ihre Antwort auf meine Frage nach ihrer »geistigen Nationalität«. Sie sei ein Mensch aller Welten, sagte sie.

»Ein Mensch aller Welten« zu sein ist etwas, was die Lyrikerin Vera Lachmann nie und nimmer von sich behaupten würde, zu sehr ist die 1939 als Fünfunddreißigjährige in die USA emigrierte Altphilologin immer noch Deutschland verbunden; einem Deutschland allerdings – so sagt sie selbst –, das es nur noch in ihrer Erinnerung gibt.

– Das Deutschland, an das ich mich tief gebunden fühle, existiert so nicht mehr. Ich sehe es, wenn wir Studenten von drüben hier haben. Die Sprache hat sich geändert, vulgarisiert, neue Ausdrücke sind entstanden, die mir nicht vertraut sind. Nein, ich würde mich dort wahrscheinlich noch fremder fühlen als hier. Hier fühle ich mich als Deutsche, nicht nur durch meine Gedichte, ich habe auch andere Reaktionen als die Amerikaner.

In Berlin gehörte Vera Lachmann zum George-Kreis. Sie war eng befreundet mit Nelly Sachs, hatte erste Gedichte in Literaturzeitschriften veröffentlicht und das eine oder andere Mal im Kulturbund gelesen. Der Nationalsozialismus bedeutete das Ende ihrer literarischen Karriere. Und nicht nur dieser: Auch ihren Plan, sich zu habilitieren, mußte sie aufgeben. Nach der Promotion (über isländische Sagas) und dem Ersten Staatsexamen wurde sie nicht einmal mehr als Studienassessorin in den Schuldienst übernommen. Nachträglich ein kleines Glück für sie, die eigentlich nie an die Schule wollte, denn so gilt sie als »beruflich geschädigt« und bekommt eine Wiedergutmachungsrente aus Deutschland. Damals jedoch war es ein Unglück. Plötzlich war sie eine Frau ohne Zukunft.

– Um etwas zu tun und auch, weil es dringend war, sammelten wir verlorene Kinder von der Straße auf und fingen eine Schule an. Ein Vetter gab mir ein Chauffeurshaus im Garten, und bis zur hintersten Tante brachte jeder einen Stuhl und einen Tisch. Und schließlich hatten wir ein Schulchen mit ungefähr sechzig Schülern, Jungen und Mädel. Es hat ungefähr sechs Jahre bestanden, und es war meine Rettung und mein Lebensinhalt während der Nazizeit. Dann wurde es verboten. Es war zwischendurch häufiger verboten, aber darum haben wir uns nicht gekümmert, sondern weiter unterrichtet. Aber schließlich, am 1. Januar 1939, wurde es endgültig verboten. Danach arbeitete ich im Dienst der Kinderauswanderung. Elternlose jüdische Kinder wurden in verschiedene Länder verschickt. Das tat ich bis zum 16. November. Dann verließ ich Deutschland. Allein.

– Warum nicht eher?

– Aus Prinzip. Ich hatte das ganz unrealistische Gefühl: Es wird schon vorbeigehen. Ich hatte das Gefühl: Wir gehören her, sie gehören nicht her. – Mein älterer Bruder war im Ersten Weltkrieg gefallen. Ich hatte das Gefühl: Dieses Deutschland, für das er sich geopfert hat, dieses Deutschland werden wir nicht preisgeben. Ja, ich hatte ein sehr starkes deutsches Gefühl. Und erst nachdem die Schule verboten worden und Mitglieder meiner Familie umgekommen waren, habe ich versucht, wegzukommen. Glücklicherweise hatte ich eine Freundin, die mir ein Visum beschaffen konnte, als die Quoten schon längst ausgeschöpft waren, und so bin ich 1939 über Schweden in die USA gekommen, mit der »Gripsholm« von Göteborg. – Plötzlich war ich also ganz auf mich selbst gestellt, und das hatte sogar seine guten Seiten. Das Exil war eine Art Wiedergeburt für mich. Es gab nichts mehr aus dem vorherigen

Leben, was einen belastete. Es zählte nur noch, was man konnte und wußte ... So bin ich durch das durchgegangen, bis ich schließlich wieder in meinem eigenen Fach gelandet bin.

Ihr eigenes Fach – das ist der Griechisch- und Lateinunterricht am Brooklyn College, in der New School und am Hunter College. Der Weg dorthin war weit. Er führte über die verschiedensten Lehraufträge an Schulen und Hochschulen (darunter ein wie ein Kibbuz organisiertes Landschulheim, wo neben dem Unterricht auch auf dem Feld gearbeitet wurde, und das angesehene Vassar College, an dem Vera Lachmann die ersten eineinhalb Jahre ihres Exils eine Art »akademisches Gnadenbrot« aß) über Arbeit in einer Molkerei, Handlangertätigkeiten in der New Yorker Public Library, Sekretärinnenjobs und Putzdienste bei reichen Damen. Ein Weg, der sie mit allen Schichten der Bevölkerung zusammenbrachte, vor allem mit jungen Leuten. Hat ihr das nicht mit der Zeit die Einstellung auf Amerika erleichtert? Nein, sagt sie. Obwohl sie fast ausschließlich amerikanische Freunde habe und seit dreiunddreißig Jahren mit ihrer Freundin, einer amerikanischen Komponistin, zusammenlebe, sei es ihr bis zum heutigen Tage nicht gelungen, sich auf Amerika einzustellen. Der Grund: die Sprache.

– Mein eigentliches Leben besteht in meinem Schreiben. Ich kann nur Deutsch schreiben. Das hat sich im Exil in keiner Weise geändert. Die Tragik, die Verzweiflung des Exils besteht bei mir darin, in einer Umgebung zu leben, in der die Menschen nicht verstehen können, was ich schreibe. Ich kam in New York vor Jahren in einen Kreis sehr lebendiger junger Künstler, sehr wohltuend, aber keiner von ihnen konnte Deutsch, und sie können es immer noch nicht. Das ist ein unlösbares Problem. Mein Tagesablauf spielt sich auf englisch ab. Vom Aufwachen an ist alles, was ich von mir gebe, Englisch. Und Englisch ist immer noch eine Fremdsprache für mich. Wenn ich etwas auf englisch veröffentliche, etwas Wissenschaftliches, müssen meine Freunde es mir korrigieren. Ich bin meiner selbst nicht sicher. – Nach den ersten Jahren des Zusammenlebens habe ich zu meiner Freundin gesagt: Du mußt Deutsch lernen, sonst kannst du mich gar nicht richtig verstehen, mein wahres Wesen. Wir versuchten es ein paar Stunden. Und dann sagte sie: Unsinn. Nach acht Jahren wird mein Deutsch so lausig sein wie dein Englisch jetzt. Was hast du davon . . .? – Mein Glück ist, daß ich 1950 einen Freund gefunden habe; Spencer Holst, ein ausgezeichneter Prosaschriftsteller, der sich mit mir assoziiert hat. Er übersetzt zusammen mit mir alles, was ich schreibe. Das ist meine Rettung. Sonst würde ich nur zu den Wänden schreiben. – Wir sind ganz erfolgreich, machen viele Lesungen im Rundfunk und in Colleges. Und zwar so: Erst liest er die englische Fassung, damit das Publikum den Inhalt des Gedichtes versteht, und dann lese ich die deutsche Fassung; und die, die kein Deutsch können, nehmen es auf wie Musik . . .

Wie die Lesungen sind auch Vera Lachmanns Veröffentlichungen zweisprachig. Bei Castrum Peregrini in Amsterdam sind bisher zwei Gedichtbände erschienen; einzelne Gedichte wurden in amerikanischen Literaturzeitschriften gedruckt. Leben könnte sie von dem, was sie damit verdient, nicht: zehn Dollar und fünfundsiebzig Cents in zehn Jahren. Aber sie hatte es auch nie vorgehabt, war ohnehin schon immer der Meinung gewesen, daß jeder Mensch einen »normalen, respektablen Beruf«

haben sollte, denn auf Inspirationen könne man sich nicht verlassen, die kämen nicht so ohne weiteres.
Hat die Erfahrung Exil ihr Dichten bestimmt?
Nein, antwortet sie, eigentlich nicht. Sie sehe eher eine kontinuierliche Entwicklung von ihren frühen Gedichten zu den heutigen. Zwischen ihrem zwanzigsten und dreißigsten Lebensjahr sei sie sehr stark beeinflußt gewesen vom George-Kreis, aber das habe sich mit den Jahren verloren, in dem Maße, in dem sie selbständiger geworden sei. Und das wäre sie auf jeden Fall geworden, unabhängig vom Exil. – Außerdem habe sie noch nie direkt autobiographisch geschrieben. Gewiß würden ihre persönlichen Erfahrungen – der Schmerz über das, was sich in Deutschland begeben habe, und das Leben im Exil – ihre Gedichte prägen, aber nicht thematisch bestimmen. Das Exil sei kein Stoff, den sie behandle, wenn auch manches Gedicht aus dem Leiden daran entstanden sei.
Ich bitte sie, mir eines dieser Gedichte vorzulesen. Meine Bitte freut sie. Sie holt einen sehr schönen, weißen Leinenband aus dem Bord, blättert darin, findet schnell, was sie sucht, setzt sich mir wieder gegenüber, sehr nah, sehr konzentriert, und liest:

Zufall

Wir, schon bezeichnet
Für Tod, nach Qual,
Im Mörderofen
Mit den Geliebten, den Werteren,
– Bruder unser: Christ –
Welch hochmütiger Zufall
Sparte unsre Sinne
Für das kühle Wunder
Dieses goldströmenden
Bergmorgens

Über ungetrübten Kronen
Himmeltrinkender Eichen?
O glitzernd Fichtenbüschel!
O schüchtern Gezwitscher!

Sie liest langsam. Ihre Stimme, die eben noch einen zögernd-vorsichtigen Ton hatte, klingt nun, trotz aller Bewegung, die deutlich zu spüren ist, ruhig. Eine schöne Melodie, die mich ergreift.
Sie endet.
Vera Lachmann blickt mich fragend an. Ich streichle – halb verlegen, aber auch als könnte ich so Zeit zum Nachdenken gewinnen – zwei ihrer drei Katzen, die sich häuslich auf mir niedergelassen haben.
Nichts fällt mir ein, nichts Eigenes, nur zwei Sätze, die im Laufe des Gesprächs über Glück und Unglück des Exils gefallen waren und die mir eben – »verdichtet« – noch einmal gesagt worden sind:
– Das Schwerste, das Furchtbarste am Exil waren die Todesnachrichten, die aus Deutschland kamen . . . von liebsten Menschen, die nicht mehr herausgekommen sind trotz aller Mühen . . .
Und:
– Mein großes Glück hier ist, ein Stück Land in den Bergen von North Carolina zu besitzen. Wenn irgend etwas noch Heimat ist, dann ist es das.

Zwei Sätze, ein Gedicht – und der Titel: »Zufall«. – Bitte, sage ich, bitte lesen Sie weiter. Sie tut es gern.

Viel später verlasse ich das schmale Stadthaus in Greenwich Village im Süden Manhattans, in dessen Erdgeschoß sie ein Ein-Zimmer-Apartment bewohnt, vollgestopft mit Büchern und Papieren. »Studentisch« nannte

sie es selbst, ganz Dame und würdevoll, während sie sich zwischen ihren Katzen zum Tee auf der Bettcouch niederließ, um meine Fragen zu beantworten.
Ein paar Tage später schickt sie mir eine Liste mit den Gedichten, die einen Bezug zum Exil haben. Ganze fünf sind es aus fünfzehn Jahren, entstanden zwischen 1956 und 1971. »Zufall« hat sie 1966 geschrieben.
Außerdem liegt die Abschrift eines unveröffentlichten Gedichtes aus dem Jahre 1933 im Brief, um das ich sie gebeten hatte. »Deutschland ist angeklagt« heißt es. Sie hatte es mir vorgelesen, obwohl sie selbst – wie sie sagte – nicht wisse, was es wert sei. Und ich hatte plötzlich verstanden, warum sie Deutschland erst so spät verlassen hatte.

Deutschland ist angeklagt

Mein Land, ich komme klagen. Und meine Klage wird groß.
Über die schwingenden Felder geht der traurige Stoß.
Da wallt ein tödlicher Schimmer durchs helle Korn vor dem Ton.
Die Raden atmen schwere Angst. Blutend vertropft ein Mohn.
Bis hoch in die ragenden Waldzweige muß ich klagen,
Daß sie in tönendem Zorn mit den zottigen Flügeln schlagen,
Und bis in des Apfels grün gehüteten Ball
Muß mein Ruf dein süßes Mark nagen.

Mein Land, man hat uns getroffen mit allem Schmerz, der trifft.
Sie haben uns ausgeworfen als Unrat und als ein klebend Gift.
Sie haben die Kruste, Brot geschlagen aus unsrer warmen Hand.
Sie haben die langsame Schande uns auf die Stirnen gebrannt.
Da gab es ein Lachen und ein Trällern, als sie uns entehrt.
Sie haben gewagt gegen uns das ärgeste Wort: »Deutschland ist nicht eure Heimaterd.«

Mein Land, warum wuchern die Reben in diesem Sommer so schön?
Du blühst aus der Wiese so viel der bunten Augen und hast nicht gesehn.
Du witterst in zarten Rispen den Wind, der ein Spinnweb stört:
Du horchst aus wildweichen Felles Ohr und hast nicht gehört.
Fühlst du nicht, was sie uns tun? Muß ich es dir wahrlich zeigen?
Sie reißen uns dir von deiner Brust, deine Kinder, dein inniges Eigen.
Oder siehst du und hörst du und weißt du dies all?
Wie kannst du doch, Mutter, schweigen?

Mein Land, warum schreist du nicht auf von allen Türmen mit allen Glocken?
Was stehn deine Quellen nicht zäh? Was ist denn der Kies im Rhein nicht trocken?
Da das Unrecht troff zu allererst auf deine reine Erde,
Was bäumten die Triften sich nicht und warfen ab manche Herde?
So aber wölkte nur Ruh ob deinen milden Hügeln,
Ruh glomm aus deiner geborgenen Seen tiefen Spiegeln,
Bis weißes Schweben geduftet kühl vom Moor
Und Nacht flog auf seidenen Dohlenflügeln.

Mein Land, wie mag ich dich schmähn, indem ich dich anschau'?
Ich bin zu klagen gekommen, aber seh' deiner Kiefern Blau
Und ihrer rauhen Stämme ziegelnen Schaft.
Du bist mir zu wunderbar. Davon wird meine Anklag' ohne Kraft.
Und muß ja zu allem Zürnen schöpfen deinen Laut,
Den du mir nicht zum Zürnen, wohl, dich zu loben, anvertraut.
Die Sprache, die ich von dir trag',
Ist meinem Geiste eine Braut.

Mein Land, nun werf' ich mich hier auf die grasige Scholle dein
Und krall' die Hände fest in die liebste Erde ein
Und preß' die Brust an deinen Boden, bis sie mir brennt.

Du rauschst über mir und hauchest stark. Wo wohnt er, der uns trennt?
Mit meinen durstenden Wurzeln bin ich dir verhaft't.
Flute durch meinen Leib empor deine heiße Kraft.
Alle Fasern fassen dich fest. Mach du mich wesenhaft.

Zehn Monate später, am 11. März 1981, habe ich Vera Lachmann in Berlin wiedergetroffen. Der Verband deutscher Staatsbürgerinnen hatte sie zu einer Lesung eingeladen.
Ob sie je wieder in Deutschland gewesen sei seit ihrer Emigration, hatte ich sie in New York gefragt. – Einmal, 1967, für vierundzwanzig Stunden in Ost- und West-Berlin, und es sei traumatisch gewesen. Damals habe sie sich geschworen, nur noch nach Deutschland zu fahren, wenn sie eine fest umrissene Aufgabe erwarte.
Die erwartet sie nun: Sie soll lesen.
Und sie will nichts anderes als lesen, endlich vor deutschem Publikum. Gefragt werden will sie nicht. Aber sie wird gefragt, und die Fragen haben weniger mit ihren Gedichten zu tun als mit ihrem Schicksal.
Ihre Antworten sind knapp: »Ich habe keinen Grund zur Klage, im Gegenteil, in vielem bin ich beneidenswert«, und dann zählt sie die Vorteile der Emigration auf: das Abschütteln der Vergangenheit, die Möglichkeit, sich auszuprobieren, das Glück, nicht eingeordnet und festgelegt zu sein.
Irgendwann, unvermeidlich, kommt die Frage nach dem Zeitbezug ihrer Themen. Im Leben, antwortet sie, im Leben sei sie sehr zeitbezogen, aber im Schreiben ... nein.
Aber woher haben Sie Ihre Themen? fragt eine junge Frau. – Meine Themen ... Vera Lachmann zögert, sagt dann sehr schnell: Viel Griechenland, Katzengedichte, Flugzeuggedichte ... Wenn ich in der Luft bin, kommt meistens ein Gedicht.

Sie verrät sich nicht – in diesem Land, in dem sie sich fremder fühlen muß als in Amerika.
Am nächsten Tag treffen wir uns zum Frühstück im Café Einstein. Die Kaffeehaus-Atmosphäre gefällt ihr. Sie erinnert sie an das eine oder andere Café im Village, und gemeinsam beginnen wir von New York zu schwärmen.

Was Vera Lachmann im Gespräch mit mir und auch auf ihrer Lesung in Berlin so deutlich trennt – Leben und Schreiben –, ist in der Regel ungetrennt bei den schreibenden Frauen im Exil. Alle setzen sich irgendwann – und dann deutlich autobiographisch – mit dieser existentiellen Erfahrung in ihrem Leben auseinander.
Bei den bekannten reicht das Spektrum von der »Trivialautorin« Adrienne Thomas, deren Exilerfahrungen zwei Romane prägen (*Reisen Sie ab, Mademoiselle!* und *Ein Fenster am East River*), über die als »Produzentin leichter Unterhaltung« oft unterschätzte Irmgard Keun, die in *Kind aller Länder* die Stationen ihrer Emigration mit Joseph Roth durch Europa nachzeichnet, bis zur von der Literaturkritik anerkannten Schriftstellerin Anna Seghers. Ihr Roman *Transit* entstand unter dem Eindruck ihres Kampfes um Aufenthaltsgenehmigung und Ausreisepapiere in der Stadt der »Transitären«, Marseille, nach der geglückten Flucht aus dem von den Deutschen besetzten Teil Frankreichs.
Autobiographie wurde von Frauen viel stärker und unverhüllter zu literarischen Texten verdichtet als von Männern, die eher geneigt schienen, ihre unmittelbarsten, »privatesten« Empfindungen in »politischen« Geschichten zu verstecken, in denen der Kampf für das »andere, bessere Deutschland« und gegen den Nationalsozialis-

mus im Mittelpunkt steht. Frauen dagegen beschrieben meistens ihr Alltagsleben mit allen Sorgen und Nöten, aber auch Freuden und Hoffnungen.
Der Effekt dieser lebenszugewandten Haltung ist, daß sie die Sicherung des Alltags über seine Beschreibung stellten. Die schreibenden Frauen im Exil waren eher bereit, ihren Beruf zugunsten eines unterhaltsichernden Jobs aufzugeben, als ihre männlichen Kollegen.
Beispiele:
Lili Koerber, Literaturwissenschaftlerin und in der Weimarer Republik eine Erfolgsschriftstellerin (ihr bekanntester Titel, *Eine Frau erlebt den Roten Alltag*, ist 1932 bei Rowohlt erschienen), ließ sich, obwohl mit einem ausreichend verdienenden Mann verheiratet, in New York zur Krankenschwester ausbilden, als für sie absehbar war, daß sich im amerikanischen Exil keine Veröffentlichungsmöglichkeiten für sie ergeben würden. Fortan schrieb sie nur noch in ihrer Freizeit.

Für Oskar Maria Graf wäre das undenkbar gewesen, dabei hatte er durchaus einen Beruf erlernt, in den er hätte zurückkehren können: Er war Bäcker. Die Einkünfte seiner damaligen Frau Mirjam als Sekretärin beim *Aufbau* bewahrten ihn davor. Er schrieb weiter. Die Tatsache, daß es ihm nicht gelang, einen amerikanischen Verleger für sich zu interessieren, schien ihn nicht zu beeinträchtigen. Nur ein Buch von ihm – *Das Leben meiner Mutter* – erschien 1940 in englischer Übersetzung und wurde von einer amerikanischen Künstlervereinigung unterstützt. – Wie hat er die Isolation vom literarischen Markt und das Getrenntsein vom deutschen Sprachraum verkraftet? – Bekannt sind die Schnurren von seiner bayrischen Standhaftigkeit: Einen Stammtisch richtete er sich ein, Leder-

hosen trug er, und englisch zu sprechen, weigerte er sich konsequent. Ein Original eben.
Das hat zwar gereicht, um ihn nicht ganz zu vergessen; seinen literarischen Ehrgeiz befriedigte es gewiß nicht. Was tut ein Autor ohne Veröffentlichungsmöglichkeiten? Was tat Oskar Maria Graf? Als ich im Archiv des Leo-Baeck-Institutes in New York arbeitete – immer auf der Suche nach Dokumenten über Frauenleben im Exil –, stieß ich zufällig auf ein paar Briefe von ihm an seine Freunde Ferdinand Bruckner und Kurt Kersten, die Aufschluß gaben über seine Aktivitäten – und auch über seine Gefühle.
Ich zitiere sie gekürzt und unkommentiert.
An Ferdinand Bruckner am 15. Oktober 1943:
Lieber Bruckner! Endlich komme ich dazu, Ihnen ein paar hektographierte Bestellzettel und gedruckte Prospekte meiner neuen Luxusausgabe von »Prisoners All« (»Wir sind alle Gefangene«, d. Verf.) zu schicken, und wäre Ihnen natürlich sehr, sehr dankbar, wenn Sie mir einige Besteller aus Ihrem amerikanischen Bekanntenkreis recht schnell verschaffen könnten. Es fehlen mir ja nur mehr fünfzig Besteller, um alle Kosten bezahlen zu können. Das Buch selber wird wirklich sehr schön (. . .)

An Kurt Kersten am 17. Januar 1943:
(. . .) Immerhin bin ich zufrieden, daß meine Lust, immer Neues zu schaffen, nicht aufhört. Und das ist schließlich das Wichtigste. Wir könnten natürlich niemals durchkommen und leben, wenn meine Frau nicht eine bescheiden bezahlte Stellung im deutsch-jüdischen »Aufbau« hätte (. . .)

An Kurt Kersten am 24. Mai 1943:
In diesem Brief bezeichnet sich Oskar Maria Graf in Anspielung auf seinen anstrengenden Selbstverlag und seine Vortragstätigkeiten als seinen »eigenen Verleger und Verschleißer«. Er fährt dann fort:
Sag mal, lieber Kurt, hast Du in all den Jahren nie wieder etwas Größeres geschrieben? Bist Du so down, daß Du einfach keine Lust, keinen Willen mehr dazu hast? Ich frage deshalb, weil ich gemerkt und erfahren habe, daß – vorausgesetzt natürlich, daß man das, was man schreibt, glaubt! – nur die unentwegte, unverdrossene Arbeit über große Miseren, die äußerlich und innerlich über einen hereinbrechen, hinweghilft. Eigentlich schreibe ich nur deswegen, oder vielmehr habe ich bis jetzt immer weiter geschrieben. Freilich wird das nun einfach materiell nicht mehr gehen. Denn wenn auch meine Frau mit ihrer Arbeit immerhin so viel (aber auch nicht um einen Cent mehr!) verdient, daß wir grad' das Leben haben, ist sie nicht mehr die Jüngste und kränkelt immer mehr, lange kann das nicht mehr so weitergehen. Nun, zeitweise werde ich völliger Fatalist und warte einfach willenlos auf irgend etwas, vielleicht auf eine »wunderbare Veränderung«, wie es bei den Schriftstellern der Biedermeierzeit manchmal heißt (...)

Nach dem Tod Mirjams heiratet Oskar Maria Graf 1962 ein drittes Mal. Seine Frau Gisela, eine polnische Jüdin aus Leipzig, studierte Juristin, im Exil Reißverschlußreparateurin, Sekretärin und schließlich Abteilungsleiterin in einer Bibliothek, hat er in einem literarischen Zirkel kennengelernt, den ihr Bruder ins Leben gerufen hatte. Sie verwaltet heute den Nachlaß ihres 1967 gestorbenen Mannes.

Ich besuchte sie am 20. Mai 1980 in New York.
Als ich ankomme, ist auf dem Küchentisch unter besagtem Weißwurst-Bier-Bild eine Brotzeit gerichtet. Ich werde herzlich begrüßt, liebevoll umsorgt und interessiert ausgefragt. Meine Antworten scheinen Gisela Graf mehr zu interessieren als meine Fragen, und überhaupt solle ich erst einmal essen, und dann könne man ja weitersehen. Wir sind schnell sehr vergnügt. Nach dem Essen gehen wir auf ihren Wunsch hin in Oskars Zimmer. Sie legt sich auf sein Bett und beginnt mit leiser Stimme, sich vielfach korrigierend, ihren Emigrationsweg zu schildern, der sie 1937 aus Deutschland über Holland, Belgien, die Schweiz und Palästina in die USA führte. Lieber würde sie über Oskar Maria Graf sprechen: »So ein schöner Mann.« Sie habe ihn kennengelernt, als seine Frau noch lebte und beim *Aufbau* arbeitete. Er habe damals die Wirtschaft gemacht und geschrieben.
– Schreiben war sein Leben, sagt sie.
– Und Mirjams Leben?
– Mirjam hatte ihren Job. Sie hat schwer gearbeitet. Sie hat den Job ernst genommen. Er war ihr Lebensinhalt.
– Mußte er das nicht sein? Schließlich hat sie zwei Menschen damit ernährt.
Gisela Graf lächelt. Ihr Lebensinhalt war ihr Mann.
Nun ist sie es wieder, die fragt. Was ich denn gemacht hätte im Exil.
Wahrscheinlich, sage ich endlich, wahrscheinlich hätte ich mich verhalten wie Mirjam: Ich hätte mir einen Job gesucht. Ob ich allerdings über Jahre einen Mann miternährt hätte, sei noch die Frage.
Vielleicht hätte ich recht, sagt sie nach einer Weile – fast wider Willen –, Oskar habe ihr einmal erzählt, daß ihn Mirjam am Ende nicht mehr für einen großen Schriftstel-

ler gehalten habe. – Und einen Augenblick später: Ja, Mirjam sei hart geworden im Exil.
Oskar Maria Graf wurde es nicht. Ein möglicher Grund: In seinem Brief an Kurt Kersten vom 24. Mai 1943 schreibt er, daß »nur die unentwegte, unverdrossene Arbeit über große Miseren, die äußerlich und innerlich über einen hereinbrechen, hinweghilft«.
Stichwort: therapeutisches Schreiben.
Doch während es bei ihm die Tätigkeit des Schreibens an sich ist, die therapeutischen Wert hat, ist es bei vielen Frauen der Gegenstand dieser Tätigkeit, die schriftliche Auseinandersetzung mit dem Erlebten. Schreibend verarbeiten sie ihre unmittelbarsten Erfahrungen, schreibend lernen sie aus der Vergangenheit.
Er schreibt gegen den drohenden Verlust seiner Identität als Schriftsteller an. Sie schreibt, um zu begreifen.
Belege dafür fand ich in der Deutschen Bibliothek in Frankfurt bei der Durchsicht des Aktenmaterials der von Hubertus Prinz zu Löwenstein gegründeten Hilfsorganisation »American Guild for Cultural Freedom« (AmGuild), die sich (finanziert durch Spenden) die »Erhaltung der deutschen Kultur« zur Aufgabe gemacht hatte. Zuerst unterstützte sie notleidende Künstler durch Stipendien und Preise, später half sie ihnen – vergleichbar dem von Hermann Kesten ins Leben gerufenen »Emergency Rescue Committee« – durch die Beschaffung von Affidavits und Visa wie die Übernahme der Reisekosten bei der Flucht aus dem von den deutschen Truppen bedrohten, wenn nicht schon besetzten, Gastland.
Mit großer Offenheit schildern die Emigranten in ihren Briefen an Prinz zu Löwenstein ihre Notlage. Im Mittelpunkt ihres Denkens steht die Behinderung ihrer künstlerischen Arbeit.

Oskar Maria Graf am 17. Februar 1938:
»Wo aber sollen wir deutsche Schriftsteller in der bitteren Emigration die Sammlung, die Ruhe und die Kraft hernehmen, etwas Bleibendes zu schaffen, das dem Namen des wirklichen deutschen Geistes Ehre macht, wenn wir nicht einmal materiell gesichert sind?«
Ähnlich argumentiert die Schrifstellerin Maria Leitner. In ihrem Brief vom 28. Januar 1939 steht:
»Es ist unmöglich zu schreiben, wenn man kaum zu essen hat, und obendrein in ewiger Unruhe lebt (. . .) Es ist mir kaum möglich, auch jetzt nur Artikel zu schreiben, da ich die Spesen sofort hab, das Honorar aber erst meist nach vielen Monaten.« Der Briefwechsel mit Prinz zu Löwenstein erstreckt sich über knapp zwei Jahre. Als Arbeitsvorhaben für diese Zeit gibt sie unter anderem an: ein Theaterstück über das Leben der Emigranten, ein Roman über ihre Exilerfahrungen und eine Reihe von Artikeln über ihre Internierung in Gurs – allesamt autobiographische Themen.
Maria Leitners Briefe zeichnen sich – anders als die Briefe ihrer männlichen Kollegen, die über ihren Hilferuf hinaus die Bedeutung ihres Arbeitsvorhabens betonen – durch eine drastische Schilderung ihrer materiellen Not aus. Sie ist eine der wenigen Frauen, die um jeden Preis an ihrem Beruf festhalten wollen. Darin gleicht sie den Männern, die auch nicht auf den Gedanken kommen, ihren Unterhalt mit etwas anderem als mit Schreiben zu verdienen. Die in ihrem Brief vom 3. Januar 1939 entschuldigende Bemerkung, daß es inzwischen sogar schon schwierig sei, eine Stelle als Dienstbotin zu finden, erklärt, was von Frauen wie ihr erwartet wurde, nämlich: ihr Geld woanders zu verdienen. In keinem Brief eines Mannes fand ich etwas Vergleichbares.

Maria Leitner wird mehrfach ein Stipendium gewährt. Aus dem Dankschreiben vom 28. Oktober 1940 geht hervor, wie eng Leben und Schreiben bei ihr zusammen gehörten.
»Für meine Arbeit ist solch unmittelbares Erleben sicher gut, aber es ist noch besser, daß ich jetzt, dank Ihnen, die Möglichkeit zu einer kleinen Atempause habe.«

Maria Leitner war alleinstehend. Sie hatte niemanden, der sie unterstützte.
Anders die Schriftsteller, die um Stipendien baten: Kaum einer von ihnen lebte allein. Die Tatsache, daß viele von ihren Frauen miternährt wurden, bleibt – außer von Alfred Kantorowicz, der das Einkommen seiner Lebensgefährtin Frieda Wolf von achthundert Franc erwähnt – ungenannt. Denn die Gewährung des Stipendiums hing nicht nur von der Qualität des Exposés, sondern auch vom Grad der Bedürftigkeit ab.

Neben der Vergabe von Stipendien hatte der AmGuild die jährliche Verleihung eines Literaturpreises in Höhe von fünftausend Dollar geplant. Die unter Pseudonym eingereichten Manuskripte wurden von Autoren wie Lion Feuchtwanger, Oskar Maria Graf, Hermann Broch und Thomas Mann begutachtet. Die endgültigen Beurteilungen verfaßte Richard A. Berman.
Dadurch, daß Exilliteratur zu etwas Preiswürdigem erklärt wurde, erfuhr das Schreiben an sich im Exil eine Aufwertung, war es wieder eine gesellschaftlich bedeutende und anerkannte Tätigkeit. Anerkannter jedenfalls als die unterhaltsichernden Jobs vieler Schriftsteller-Gefährtinnen.
Wer ein Manuskript einreichte, hatte nicht für die Schub-

lade geschrieben. Zumindest Gutachter würden den Text lesen, und vielleicht käme noch (wie in den Statuten des Preises vorgesehen) eine Verlagsempfehlung dazu. Die Namen von Thomas Mann und Lion Feuchtwanger hatten Gewicht in Amerika.
Die Beteiligung an dem Wettbewerb war hoch, bekannte und unbekannte Namen. Interessant ist, bis auf Doris Dauber (alias Kaete Dirksen) haben sich alle Autorinnen ein männliches Pseudonym zugelegt. Hannah Arendt nannte sich Peter Schlemihl, aus Carmen Bud wurde Hubert May, Elisabeth Castonier reichte schlicht als Paul und Elisabeth Karr als Humanist ein, Maria Lazar trat auf als Hermann Huber und Ilse Wolff-Kolleritz als Iwo de Rivera. – Frauen haben sich offensichtlich als Männer höhere Chancen ausgerechnet. Auf den umgekehrten Fall, daß ein Mann sich einen Frauennamen als Pseudonym zugelegt hat, bin ich bei der Durchsicht der Akten nicht gestoßen.
»Verraten« allerdings haben sich die Frauen durch das, was sie schrieben, soweit das die noch erhaltenen Gutachten beziehungsweise Titelangaben erkennen lassen. Die eingereichten Manuskripte gibt es nicht mehr. Doris Dauber, die sich mit einem Manuskript, *Leb wohl, Europa,* bewirbt, schreibt im Vorwort zu ihrem 1945 in Buenos Aires erschienenen Roman *Eine Nacht, ein Leben* (eine Schilderung ihres Exils wie auch ihres Abschieds von der alten Welt,) von der ich vermute, daß sie identisch ist mit *Leb wohl, Europa:* »Man schreibt meist ein Vorwort, wenn das Buch fertig ist. Ich beginne damit, weil ich eine Entschuldigung und Rechtfertigung brauche. Ich weiß genau, daß egozentrisch sein ein Charakterfehler ist. Niemand ist so wichtig, daß er ein Recht dazu hat, und doch wird dieses Buch egozentrisch sein,

weil ich mein Leben überwinden muß, vom bisher Erlebten loskommen muß.«
Daß auch »therapeutisches« Schreiben nach Veröffentlichung drängt, belegt ein Brief Elisabeth Karrs vom 1. Juli 1938 an den AmGuild:
»Sicher steht auch mein Nervenfieber in ursächlichem Zusammenhang mit dem unveröffentlichten Manuskript« (*Alles ist umgekehrt*, ein Roman über das Emigrantenleben).

Den Preis aber gewann niemand.
Der AmGuild löste sich nach etwa dreijährigem Bestehen auf, ohne daß es zu einer Preisverleihung gekommen wäre. Als Grund für die Auflösung nennt Prinz zu Löwenstein in einem Brief an Viktor Wittkowski vom 3. August 1941 »Emigrantenintrigen«: Neid, Mißgunst und politische Differenzen.
Ein Kapitel der Exil-Hilfsorganisationen geht damit unrühmlich zu Ende. Löwenstein, ein Idealist, der nur helfen wollte, aber keine Politik machen, bedauert das. Der Wert seines Engagements aber ist bis zum heutigen Tage unbestritten, und zwar in materieller wie in ideeller Hinsicht. AmGuild half den Autoren nicht nur aus größter ökonomischer Not, sondern unterstützte sie auch moralisch.
Er machte Mut, er ließ wieder hoffen, er bestätigte – und in diesen Funktionen ist er durchaus vergleichbar mit den literarischen Zirkeln in Sanary, Los Angeles und New York, von denen mir Lola Humm-Sernau, Victoria Wolf und Charlotte Beradt berichteten, Zirkel, in denen sich die vom literarischen Markt getrennten Schriftsteller durch wechselseitiges Vorlesen und Zuhören unterstützten und stärkten.

Derartige Bestätigung – Bestätigung auf Gegenseitigkeit – verbirgt sich auch hinter dem Fünftausend-Dollar-Literaturpreis: Nicht nur die Bewerber um ihn erfuhren Aufmerksamkeit, sondern auch die Gutachter kamen zu ihrem Recht. Mochten real auch beide Autoren die gleiche Not leiden – Oskar Maria Graf zum Beispiel war gleichzeitig Gutachter und Stipendiat –, so erhöhte die gutachterliche Tätigkeit den einen über den anderen.

Doch nicht nur von Frauen ist zu berichten, die über die Verhältnisse schrieben, sondern auch von solchen, die erst unter dem Druck der Verhältnisse zu schreiben begannen.

Eine von ihnen ist die gebürtige Österreicherin Stella K. Hershan, die heute in Manhattan lebt, in unmittelbarer Nähe des George Washington Square in Greenwich Village; ihr Traum seit den ersten Tagen ihres Exils 1939.

Nach dem Tod ihres Mannes vor über zehn Jahren hat sie sich diesen Wunsch erfüllt. Sie lebe jetzt erst so, wie es ihr gefalle, sagt sie und meint damit ihre Unabhängigkeit, zu der sie das Wohnen in dieser Gegend genauso rechnet wie das Schreiben von Romanen, die sie erst veröffentlicht, seitdem ihr Mann nicht mehr lebt. Dabei schreibt sie schon sehr lange.

Angefangen habe es mit Tagebüchern.

– Ich war ein unglückliches Kind wie alle Leute, die zu schreiben anfangen. Ich glaube, Menschen fangen an zu schreiben, wenn sie niemanden haben, der ihnen nahesteht.

Dann habe sie Charakterbeschreibungen gemacht, und 1931, mit fünfzehn, sei der erste und einzige Artikel, den sie in jener Zeit geschrieben habe, in der *Wiener Freien Presse* erschienen: »Menschen an der Bar«.

Mit siebzehn heiratet sie einen neun Jahre älteren Mann, einen Ingenieur mit eigener Eisenkonstruktionsfirma, jüdischer Abstammung wie sie.

– Er hat gut ausgeschaut, das war mit siebzehn wichtig. Und ich hab' gedacht, so komm' ich von zu Hause weg.

Weg von zu Hause und weg von der Schule: Stella Hershan, die zu dieser Zeit eine Wiener Fortbildungsschule besucht, um Englisch und Französisch zu lernen, war eine unglückliche Schülerin, die unter jeder Form von Zwang und Strenge litt. Bis zum Einmarsch der Deutschen in Österreich führt sie das Leben einer behüteten Ehefrau. Schriftstellerische Ambitionen hat sie während dieser Zeit keine. 1938 kommt ihr einziges Kind, eine Tochter, zur Welt. Ein Jahr später muß die Familie emigrieren. Aller Besitz wird beschlagnahmt, die Firma des Mannes enteignet. Die Entscheidung für Amerika fällt ihnen nicht schwer: Erstens sind schon Freunde drüben, und zweitens locken Demokratie und der amerikanische Traum vom Neuanfang.

Der Neuanfang. Für Stella Hershan hieß er – Schreiben.

Darüber – über ihre Gründe und Themen – wollte ich mit ihr sprechen.

Am 21. Mai 1980 trafen wir uns in ihrer Wohnung.

Wie gut ich denn Englisch könne, hatte sie mich am Telefon gefragt, denn mit ihrem Deutsch sei es nicht mehr so weit her. – Ich bot ihr an, zweisprachig unser Glück zu versuchen. Als wir uns gegenübersaßen, war von dieser Vereinbarung nicht mehr die Rede. Stella Hershan sagte zwar dann und wann »Nice« und »My dear«, hatte aber keinerlei Schwierigkeiten, sich auf deutsch auszudrükken. Der Grund:

Seit dem Tod ihres Mannes habe sie wieder mehr Kontakt zu Emigranten. Jahrzehntelang habe sie alles Deut-

sche und Österreichische gemieden. »Vielleicht, weil ich mein Österreich zu Hause hatte. Meinen Mann ...«
Jetzt gehört sie wieder dazu. Sie ist wer in der Gesellschaft der Emigranten, in der jeder von jedem schon gehört hat und eine alle zu kennen scheint: Mimi Grossberg, Exilforscherin aus Begeisterung für Literatur und von Adressen und Informationen nur so übersprudelnd, deren amerikanische Karriere als Modistin für sechzehn Dollar die Woche begann und die heute, längst im Ruhestand, eine der aufmerksamsten Chronistinnen der österreichischen literarischen Emigration ist. Ihr verdankte ich die Adresse Stella Hershans, deren Namen ich kurz zuvor unter einem Artikel im *Aufbau* gefunden hatte. In der Ausgabe vom 12. September 1979 hatte sie über Hilda Bondi geschrieben, die Sängerin und Handschuhnäherin; das Porträt eines zufriedenen Menschen, verfaßt in deutscher Sprache.
Erstaunlich bei einer Autorin, die von sich selbst behauptet, ihre Muttersprache nur noch unvollkommen zu beherrschen. – Eine Ausnahme, sagt sie, sonst schreibe sie nur auf englisch. – Von Anfang an? – Ja, seitdem sie in Amerika sei.

Eine Frau im Exil:
– Im Grunde habe ich mit dem Schreiben erst hier begonnen. Ich schreibe Englisch, und ich denke Englisch.
– Kann man seine Muttersprache so vergessen?
– Früher hätte ich gesagt: Ja. Inzwischen glaube ich, daß ich vieles verdrängt habe. Als ich 1972 das erste Mal wieder in Wien war, habe ich gemerkt, daß ich längst nicht alles vergessen hatte. Plötzlich konnte ich sogar Schillers »Glocke« wieder auswendig.
– Was schreiben Sie?

– Historische Romane – mein neuestes Projekt ist ein Roman über Elisabeth von Österreich – und Romane über die Hitlerzeit.

– Also Themen, die sehr stark mit ihrer Vergangenheit zu tun haben.

– Ja, aber nicht nur. Wenn ich zum Beispiel über die Hitlerzeit schreibe, dann über die Wirkung, die diese Zeit auf die Menschen gehabt hat, bis heute. Ich habe einen Roman geschrieben über einen Mann, der, nachdem er seine Eltern verloren hat, als Zwölfjähriger mit einem Kindertransport nach Amerika kommt. Er lebt sich hier gut ein, ist sehr erfolgreich, schließlich sogar reich. Und doch ist er nie ganz zufrieden. – Dann verliebt er sich in eine Frau, eine ganz durchschnittliche deutsche Frau. Er verfällt ihr geradezu. Beide können sich das gar nicht erklären. Und erst am Ende kommt raus: Sie ist seine Heimat, die er haßt und die er liebt und von der er nie losgekommen ist. Das ist der Kern der Geschichte, und das ist es, was ich mit »Wirkung der Hitlerzeit auf die Menschen« meine. Was hat diese Zeit mit uns gemacht? Das ist mir wichtig!

– Was hat diese Zeit mit Ihnen gemacht?

– Sie hat alles verändert. Was für ein tiefer Einschnitt das war, wird mir erst jetzt klar. Jahrelang hab' ich wirklich alles weggeschoben, was mich an die Vergangenheit erinnerte. Es ist komisch, aber heute fällt mir die Emigration viel schwerer als damals. Heute begreife ich erst, was für eine riesige Sache das war ... emotional. Damals war ich so froh, daß ich weg war, und Amerika hat mir so viel bedeutet, daß ich mir über Jahre eingeredet habe, eigentlich nicht Österreicherin zu sein, sondern Amerikanerin, und daß alles, was ich erlebt habe, nicht wahr wäre.

Mein Mann war sehr stolz und hat immer gesagt: Ich geh' nie mehr in ein Land zurück, das mich hinausgeworfen hat. – Und ich stimmte mit ihm völlig darin überein. Österreich gab es nicht mehr für uns.
Aber im Unterbewußtsein war noch alles da. Ich wollte es nur nicht wahrhaben.
1972, nachdem mein Mann gestorben war, ist der erste Roman von mir erschienen, ein historischer Roman über die Liebesgeschichte einer russischen Prinzessin mit Fürst Metternich, *Der nackte Engel.* Molden hatte ihn gekauft, und so ist er zuerst in deutscher Übersetzung erschienen. Stellen Sie sich vor: Da habe ich so viele Jahre damit verbracht, Englisch sprechen und schreiben zu lernen, und dann erscheint der erste Roman zuerst auf deutsch, von jemand anderem übersetzt. Wie ich mich gefühlt habe, als ich das übersetzte Manuskript in den Händen hielt . . . Ja, und so bin ich wieder zur Sprache zurückgekommen. Wir haben hier nämlich so wenig wie möglich Deutsch gesprochen, auch in der Familie nicht. Meine Tochter ist einsprachig aufgewachsen. Ich wollte nichts Deutsches hören. Dann, 1972, bin ich mit meiner Tochter und ihren Kindern nach Wien gefahren. Ich hab' alles für sie übersetzen müssen. Das hat sie fürchterlich geärgert. Und plötzlich hat sie angefangen, Deutsch zu sprechen. Ganz fließend. Aber nicht wie eine Erwachsene, sondern wie ein sechsjähriges Kind. Ich hab' meinen Ohren nicht getraut.

– Also haben Sie die ersten Jahre hier doch Deutsch gesprochen.

– Natürlich. Wir konnten ja auch gar nicht genug Englisch. Wir mußten es ja erst noch lernen. Aber ich hatte das völlig vergessen.

– Wie waren die ersten Jahre hier? Hat Ihr Mann schnell Arbeit gefunden?
– Die ersten drei Jahre haben wir in Philadelphia gewohnt. Mein Mann hatte dort einen Job als Mechaniker gefunden. Wir haben bei einem Ehepaar möbliert zur Untermiete gewohnt, Amerikaner, und dadurch haben wir die Sprache gelernt. In der Zeit habe ich angefangen, kurze Geschichten zu schreiben.
– Auf deutsch?
– Nein, auf englisch. Es fiel mir leichter, auf englisch zu schreiben. Was auf deutsch eine halbe Seite braucht, können Sie auf englisch in einen Satz packen.
– Was waren das für Geschichten?
– Furchtbare Geschichten. An eine erinnere ich mich noch. Die handelte von einer jungen Frau mit zwei kleinen Kindern, die sehr unglücklich ist. Ihr einziger Trost ist, daß sie, wenn die Kinder groß sind, sich scheiden lassen wird, um Schriftstellerin zu werden.
– Eine autobiographische Geschichte?
– Nein.
– Haben Sie gearbeitet, Geld verdient während dieser Zeit?
– Nein. Ich konnte ja nicht. Meine Tochter war noch zu klein. Mein Mann hat fünfzehn Dollar die Woche verdient. Davon konnte man leben. Ich hab' einen Dollar am Tag ausgegeben für Essen. Ich war nicht unglücklich. Ich war ja froh, frei zu sein. Für meinen Mann war es ärger. Er war nicht sehr fröhlich. In Wien hatte er eine große Firma gehabt, und hier war er ein kleiner Mechaniker. Und dann war da dieser große Altersunterschied . . . Manchmal, wenn ich es gar nicht mehr aushalten konnte, bin ich zu meiner besten Freundin nach New York gefahren und hab' ihr mein Herz aus-

geschüttet. Und die hat eines Tages gesagt: Wenn's ihm nicht gefällt, warum sucht er sich dann nicht einen anderen Job. Ich hab' geantwortet: Das kann er doch nicht. Er hat doch keine Zeit. – Und warum suchst du ihm keinen Job? hat sie mich da gefragt. Da hab' ich angefangen zu telefonieren und zu fragen, wo man Leute sucht. Bei »Navy Yards« in New York, habe ich gehört. Also bin ich dorthin, in der Tasche eine Fotografie von meinem Mann, und habe mich in einer langen Schlange angestellt. Ein junger Mann, mit dem ich gesprochen habe, hat mir dann den Tip gegeben, es bei einer kleineren Firma zu versuchen, deren Chef er kannte. Ich könne mich dort auf ihn berufen. Das habe ich getan. Ich wurde sofort empfangen, habe meine Geschichte erzählt und das Foto von meinem Mann gezeigt: Wie schön er ist! – Was mögen die bloß von mir gedacht haben! – Jedenfalls waren sie sehr interessiert und wollten meinen Mann kennenlernen. Ich hab' ihn dann angerufen und gesagt: Ich glaub', ich hab' einen Job für dich. – Er hat sich furchtbar aufgeregt: Du und deine Ideen! Das kostet nur wieder Geld! Und meine Schwägerin hat gesagt: Lächerlich! – Aber dann ist er doch gekommen, bitterböse – und nie wieder zurückgefahren nach Philadelphia. Hundert Dollar die Woche hat er in New York verdient, mit viel Arbeit und vielen Überstunden zwar, aber hundert Dollar die Woche, 1941!

– Viel Geld! Da brauchten Sie also nicht zu arbeiten!

– Ich wollte aber. Ich hatte genug vom Zu-Hause-sein mit Kind. Es gab damals in New York einen von einer Wienerin geführten Kindergarten für die Kinder von berufstätigen Emigranten. Trude Fränkel, eine Montessori-Anhängerin, eine unglaubliche Frau! Zu der habe ich meine Tochter gebracht und mir einen Job gesucht. Ich bin dann Verkäuferin geworden bei Elisabeth Arden. Es war das erste Mal in meinem Leben, daß ich Geld verdient habe, und ich muß sagen, daß ich mich bis dahin noch nie so gut gefühlt hatte. Eigenes Geld! Sonst hatte ich immer meinen Vater oder meinem Mann um Geld bitten müssen, und jedesmal hieß es: Schon wieder willst du Geld. Du weißt nicht, wie schwer es ist, welches zu verdienen. Du kannst nur ausgeben. – Und außerdem das Gefühl: Ich kann etwas. Es ist nicht viel, aber immerhin. Und die Arbeit hat mir sehr viel Spaß gemacht.

– Und Ihr Mann, wie fand der das?

– Es war ihm recht. – Daß ich ihm den Job gefunden hatte, darüber ist allerdings nie wieder gesprochen worden. Sein Stolz, wissen Sie . . . Gut, daß meine Bücher nicht zu seinen Lebzeiten erschienen sind. Das wäre ein schöner Schreck für ihn gewesen. Er hat zwar gern darüber gesprochen, daß ich zur Schule geh' und was ich alles mach', und mir, als unsere Tochter heiratete, ein Arbeitszimmer eingerichtet und es allen Leuten gezeigt und gesagt: Sie zahlt noch nicht einmal Miete dafür . . . Aber die Bücher, nein, das hätte ihm keinen Spaß gemacht.

– Zur Schule gegangen?

– In die New School. Nach dem Krieg habe ich aufgehört zu arbeiten. Ich wollte ernsthaft schreiben. Das wollte ich schon immer. Mein Mann hat zu der Zeit mit seinem Bruder seine eigene Firma gegründet, die gleiche Branche wie in Wien. Und ich habe einen Kurs in Creative Writing belegt. Meine Lehrer haben mich sehr ermuntert zu schreiben. Als erstes habe ich einen Roman über eine Jugend in Wien geschrieben. Den

Verlegern hat das ganz gut gefallen, aber sie fanden es zu oberflächlich. Sie haben gesagt: Man weiß zwar, was die Leute tun, aber man weiß nicht, warum sie es tun. – Daraufhin habe ich einen Kurs in Psychologie belegt: sich selbst erkennen. Und das war, wie wenn ein großer Vorhang aufgeht. – Ich habe dann noch viele Kurse gemacht, in Geschichte und Psychologie, in Schreiben und Journalismus. Plötzlich hat mir das Lernen Spaß gemacht. Ich habe noch einmal ganz neu angefangen. – Ich hab' dann ein Buch geschrieben – es ist nie verlegt worden – mit dem Titel *11. März 1938*. Das ist die Geschichte eines jungen Ehepaares, das emigrieren muß.

– Ihre Geschichte?

– Nein. Es ist nicht autobiographisch. Es ist nicht meine Geschichte. Aber es kommen Dinge darin vor, die ich beobachtet habe.

– Wissen Sie noch die Handlung?

– Ja. Im Mittelpunkt steht ein junges Ehepaar mit zwei Kindern, einem Bub von zehn und einem Mädel von drei oder vier Jahren. Es geht ihnen sehr gut, bis sie darauf kommt, daß er eine Affäre mit einer anderen Frau hat. Sie will sich scheiden lassen. Gerade zu der Zeit marschiert Hitler ein, und plötzlich werden alle persönlichen Probleme sehr unwichtig. Im ersten Teil des Buches schildere ich das letzte Jahr in Wien, den alltäglichen Terror, die Schilder an den Bänken: Juden verboten, die Selbstmorde aus Verzweiflung. Der zweite Teil dann spielt in Amerika; er handelt von den Schwierigkeiten des Einlebens.

Auf meinen Wunsch hin leiht mir Stella Hershan das Manuskript. Einen Tag und eine Nacht lang lese ich *March*

11, 1938 – A novel of reorientation, über vierhundert Manuskriptseiten dick; und je länger ich lese, desto mehr meine ich, doch einen autobiographischen Text vor mir zu haben. Die Übereinstimmungen mit dem Leben von Stella Hershan sind frappierend. Noch frappierender sind ihre Aussagen und Einsichten über das Leben von Männern und Frauen im Exil.

Es beginnt mit der Vorbereitung der Eheleute auf die Emigration: Der Mann ist wie gelähmt. Die Frau lernt einen Beruf, von dem sie hofft, ihn ohne größere Sprachkenntnisse in Amerika ausüben zu können: Sie wird Friseurin. Kaum in Amerika angekommen, spitzen sich die Probleme zwischen dem Paar zu. Die Frau, froh, endlich in Freiheit zu leben, akklimatisiert sich leichter als der Mann. Der reagiert gereizt auf alles: auf die größere sprachliche Beweglichkeit seiner Frau ebenso wie auf seine soziale Deklassierung. Er, der in Wien eine eigene Anwaltspraxis hatte, arbeitet nun als Bügler für fünfzehn Dollar die Woche. Die Ehekrisen häufen sich. Er wird immer mutloser – »It was almost as though Robert were dead« (Seite 374). Sie plant und hofft auf bessere Zeiten – und probt den Ausbruch: Als eine Freundin ihr rät, sich einen Job zu suchen, um dem häuslichen Elend zu entkommen, tut sie es. Mit Erfolg. Das Gefühl, finanziell auf eigenen Füßen zu stehen und vom Mann unabhängig zu sein, beflügelt sie. Ihre Tochter schickt sie in einen Montessori-Kindergarten, den eine Emigrantin gegründet hat. Ihr Sohn besucht eine amerikanische Schule. Es geht ihr immer besser. – Und dann verliebt sie sich in einen anderen Mann, einen Physiker, Emigrant wie sie, dessen Familie noch in Holland ist und der übergangsweise bei ihnen zur Untermiete wohnt. Ein Mann, der Zeit und Verständnis für sie hat, mit dem sie über ihre

Schwierigkeiten sprechen kann und der ihr Rat gibt, mit dem sie gerne schläft. Ihr eigener Mann ist, so stellt sich nun heraus, seit dem Tag, an dem er emigrieren mußte, impotent. Dennoch kehrt sie zu ihm zurück, als der andere Mann wegen seiner Familie die Beziehung zu ihr beendet.

Ob die Ehe noch zu retten ist, bleibt ungewiß. Die Frau jedenfalls tut, was in ihren Kräften steht: Sie besorgt ihrem Mann einen besserbezahlten Job (fünfundsiebzig Dollar die Woche), und sie erklärt sich bereit, mit ihm ins Grüne zu ziehen, nach Queens.

Stella Hershan hat jahrelang in Queens gewohnt, bevor sie in das elegante Apartmenthaus im Village zog, in dem ich sie besuchte.

Eine anziehende Sechzigjährige, viel jünger wirkend, lebhaft, aufmerksam, sehr – ich wage es kaum zu schreiben – amerikanisch, der es Spaß macht, gefragt zu werden und selber zu fragen. Sie führt mich in ihrer Wohnung herum – »Meine Wohnung!« – und zeigt mir ihre Bücher und Bilder. »So hab' ich früher ausgeschaut.« – Neben ihrem »schönen Mann« steht sie: schmal und niedlich mit schüchternem Blick.

Ja, bestätigt sie, sie sei sehr eingeschüchtert gewesen, sehr still, und ihr Mann sehr europäisch, sehr . . ., sie sucht nach dem passenden Wort, sehr . . . powerful, an der Oberfläche jedenfalls. Sie gefalle sich heute auch besser.

Zwei Tage später bringe ich ihr ihr Manuskript zurück.

– Hat Ihr Mann diesen oder andere Romane von Ihnen je gelesen?
– Nein! Nie! Er wollte nicht. Er hat gesagt: So gut will ich dich gar nicht kennen.

– Wenn Ihr Mann die Bücher gelesen hätte, hätten Sie sie dann anders geschrieben?
– Ich nehme an, ja. Ich weiß allerdings nicht, ob ich es anders hätte machen können ... Vielleicht hätte ich dann gar nicht geschrieben. Vielleicht hätte ich auch gar nicht schreiben müssen, wenn ich einen Mann gehabt hätte, der gelesen hätte. Aber wenn man nie jemanden hat, der einem zuhört ... Also habe ich geschrieben. Ich habe ein Doppelleben geführt, aber das war auch für meinen Mann gut. Denn so habe ich mich entwickelt, und mit der Zeit habe ich ihn, der eigentlich sehr abgekapselt lebte, zum Sprechen gebracht. Das hat unser Zusammenleben sehr verändert.
– Aber nicht so sehr, daß er sich für das, was sie gemacht haben, interessiert hätte!
– Nein. Es war nicht diese Art Ehe. Und ich wäre gehemmt gewesen, wenn er es getan hätte.
– Was wäre passiert, wenn noch zu seinen Lebzeiten ein Buch von Ihnen erschienen wäre?
– Es wäre unmöglich gewesen! – Ich hatte mich ja schon sehr verändert, war viel selbstbewußter geworden ... Nein, es wäre nicht gegangen. Auch nicht die Liebesgeschichten, die Geschichten mit Sex ... Das habe ich früher häufig geschrieben. Heute schreibe ich ganz anders. Seitdem mein Mann tot ist, schreibe ich keine Liebesgeschichten mehr. Jetzt schreibe ich über selbständige Frauen. Ich habe mich geändert, und meine Bücher haben sich auch geändert. Seitdem das so ist, habe ich Schwierigkeiten, Verleger zu finden. – Es ist eigentlich eine komische Geschichte: Männer haben mich immer sehr interessiert. Aber seitdem ich allein lebe, ist dieses Interesse verschwunden. Dabei fühle ich mich nicht allein. Ich habe ja mich, und ich habe

mein Schreiben. Wenn ich schreibe, bin ich mir selbst die Wichtigste.

Die Wahrheit in Stella Hershans Text *March 11, 1938* liegt nicht nur in der detailgenauen Beschreibung des Emigranten-Alltags (beengte Wohnverhältnisse, Armut, Sprachprobleme etc.), sondern auch und gerade in den Teilen, in denen – so trivial sie auch erscheinen mögen! – verschüttete Wünsche und Sehnsüchte jener Zeit zu entdecken sind.

Neben sinnstiftenden und selbsttherapeutischen Funktionen hat das autobiographische Schreiben also auch solche, die der Wunscherfüllung dienen. Und das gerade in Zeiten, in denen das Wünschen nichts mehr geholfen hat!

Bevor ich gehe, frage ich Stella Hershan, ob ihre Entscheidung zu schreiben nicht verknüpft ist mit der Erfahrung des Neuanfangs.

– Sicher. Aber das Schreiben war mir schon vorher wichtig. Ich weiß nicht, was in Wien aus mir geworden wäre ... Wahrscheinlich wäre ich eine dicke alte Dame geworden, die im Kaffeehaus sitzt.
  Als ich vor ein paar Jahren in Wien war, damals beim PEN-Weltkongreß als amerikanische Autorin, da bin ich in ein Kaffeehaus gegangen, in dem ich als junges Mädchen manchmal gewesen war, und da haben zwei alte Damen neben mir gesessen, und die eine hat gesagt: Also heute abend, da werde ich mir ein Naturschnitzel abbraten, so schön in Mehl und Butter auf jeder Seite. Und die andere hat gesagt: Ich hab' noch eine Champignonsuppe von gestern. – Und das war die ganze Unterhaltung. Ich hab' mir das angehört

und hab' mir gesagt: Wenn Hitler nicht gekommen wäre? Möcht' ich dann auch so dasitzen? Vielleicht ...

Stella Hershan ist froh, in Amerika zu leben. Zum Abschied schenkt sie mir ein Buch von sich, ihr einziges Sachbuch, ihr Dank an das Land, das sie rettete, und an die Frau, mit deren Namen die Rettung vieler Emigranten verbunden ist: Eleanor Roosevelt – »A woman of Quality«. »Für Gaby, viel Glück!« schreibt sie hinein.

Glück.
Das Glück, überlebt zu haben.
Das Glück, sich eingelebt zu haben.
Es ist fragiler, als manche Emigrantin eingestehen mag.

Erinnerungen, Bilder (V):
Fort Lee, New Jersey, 19. Mai 1980.
Ich sitze bei Hedda Korsch, der Frau, die sich und ihre Tochter unter dramatischen Umständen in letzter Sekunde vor dem Zugriff der Gestapo aus Berlin retten konnte.
Ein langer Nachmittag neigt sich seinem Ende zu. Denken Sie oft an Deutschland? frage ich.

– Sehr. Ich träume auch von Deutschland. Heute nacht habe ich geträumt, ich wartete am Bahnhof, und es kam ein Zug, der ging nach Berlin. Den wollten wir nicht nehmen. Dann kam ein anderer Zug. Da bin ich eingestiegen. Es waren vier freche Negerjungen drin, aber ich habe mich mit ihnen ganz gut abgefunden. Und dann kam eine Station. Und was sehe ich! Es steht groß und dick drangeschrieben: Berlin, Mitternacht 1. Da dachte ich: Sind wir also doch in Berlin, und eine neue Station, die ich nicht kenne, gibt es auch: Mitternacht 1. Dann gibt es offenbar auch Mitternacht 2. –

Ein »Bewußtseinstraum«, wie Charlotte Beradt solche im Traum aufgehobenen Erlebnisreste und Gefühlsfragmente nennt? Was löst solche Träume aus?
Vielleicht die Ankündigung meines Besuches; meine Bitte, sich mit mir und für mich zu erinnern ...

Wieder das ungute Gefühl, mich in fremdes Leben gedrängt zu haben. Wieder diese Angst vor falschen Fragen.

– Haben Sie irgendwann einmal Tagebuch geführt? frage ich Hedda Korsch.
– Leider nein, antwortet sie. Ich habe immer sehr im Augenblick gelebt. Und ich wußte ja nicht, daß wir Geschichte machen.

Hedda Korschs Geschichte ist eine besondere Geschichte. Sie ist die »Ausnahmefrau« unter meinen Gesprächspartnerinnen, denn das Exil bedeutete für sie weder eine Berufsveränderung noch eine Veränderung ihrer Beziehung zu ihrem Mann. Wohl gab es Umstellungen – allein die Länderwechsel! –, und auch mußten neue Formen der Gemeinsamkeit erprobt werden, nie aber gab es so etwas wie die Aufgabe der eigenen Selbständigkeit für den anderen. Weder von ihr noch von ihm.
Eine Lebenseinstellung, die sich ideal kombinierte aus einem tiefen Verantwortungsgefühl für das eigene Handeln und einer großen Liebe zum anderen, ließ Hedda Korsch klug auf ihrer Unabhängigkeit bestehen. Eine emanzipierte Frau – ganz Hedwig Dohms Enkelin, die sie ist –, zu allem fähig, nur nicht zur Selbstaufgabe.
Gewiß waren es auch glückliche Umstände, die ihr den beruflichen Abstieg ersparten, aber wie sie damit umging

und noch heute darüber spricht, daß es ihrem Mann im amerikanischen Exil nicht so gut ging wie ihr, beweist einmal mehr, wie recht Elsbeth Weichmann hatte, als sie darauf bestand, daß Anpassung an die veränderten Verhältnisse nicht unbedingt Selbstaufgabe bedeuten muß.

Gleich nach der Machtergreifung werden Hedda Korsch, damals Oberstudienrätin, und ihr Mann, der Hochschullehrer Karl Korsch, aus dem Staatsdienst entlassen, weil Zweifel an ihrer politischen Zuverlässigkeit bestanden. Karl Korsch taucht sofort unter. Hedda Korsch folgt der Einladung, als Lehrerin an eine schwedische Heimschule zu gehen, die sie von Schulreform-Treffen her kennt. Im Sommer 1933 verläßt sie Berlin zusammen mit ihrer zwölfjährigen Tochter Barbara. Sibylle, die gerade Abitur gemacht hat, bleibt noch, weil sie eine Ausbildung zur Kindergärtnerin am Pestalozzi-Fröbel-Haus machen will.

Ein Jahr später, nach der dramatischen Flucht, emigriert Sibylle Korsch nach England, wo ihr Vater inzwischen lebt. Hedda Korsch kehrt nach Schweden zurück.

– Warum ist Ihr Mann nach England emigriert und nicht zu Ihnen nach Schweden gekommen?
– Es hätte gar keinen Sinn gehabt. Er sprach kein Wort Schwedisch. Die Schule lag einsam an den Schären, zwanzig Minuten mit dem elektrischen Zug von Stockholm entfernt. Was hätte er da tun sollen?
  In England hatte er vor dem Krieg drei Jahre gelebt. Er sprach gut Englisch und hatte viele Bekannte dort.
– Was hat die Trennung von Ihrer Familie für Sie bedeutet?
– Kummer. Ich habe meine Familie außerordentlich liebgehabt. Ich habe mit meinem Mann eine so gute und enge Beziehung gehabt, wie man sie nur haben kann.

Wir sind fünfzig Jahre verheiratet gewesen. Davon viele Jahre getrennt, und niemals freiwillig. Aber das hat nie die Beziehung zwischen uns beeinflußt. Wir sind immer wieder zusammengeschossen, wenn es nur irgend möglich war.

– Wovon hat Ihr Mann in London gelebt?
– Ich weiß nicht, wovon er gelebt hat. Geld hatte er nicht. Ich denke, daß er unter Pseudonym in Zeitschriften geschrieben hat. Eines weiß ich: Die London School of Economics gab ihm den Auftrag, ein Textbuch über Karl Marx zu schreiben. Vielleicht hat er einen Vorschuß bekommen . . . Aber das Buch ist erst 38 erschienen.

1938 lebt Karl Korsch bereits in Amerika. Im Dezember 1936 ist er in New York angekommen. Seine Frau hat ihm die Einreise ermöglicht. Sie arbeitet seit September 1936 als Professorin für Deutsche Literatur an einem angesehenen Mädchen-College in der Nähe von Boston. Die Stelle verdankt sie der Initiative ihrer Tochter Sibylle, die schon vor längerer Zeit als Kindermädchen einer befreundeten Professorenfamilie in die USA eingewandert ist. Sie hatte davon gehört, daß am College eine Stelle frei werden würde, und dem Direktor in einem langen Brief ihre Mutter empfohlen. Der, ein engagierter Theologe und Nazigegner, zog Erkundigungen über Hedda Korsch ein und berief sie.

Hedda Korsch bleibt zwanzig Jahre lang an diesem College bis zu ihrer Pensionierung. Sie ist die einzige Deutsche am College und freundet sich nach und nach mit einigen Amerikanerinnen an.

– Wie war das, plötzlich in Amerika zu leben?
– Das war ein sehr starkes Erlebnis. Ich hatte viele Romane gelesen, die das amerikanische Leben widerspie-

gelten, und glaubte, ich wüßte eine ganze Menge. Aber in Wirklichkeit wußte ich wenig. Alles war so neu und überraschend. Worin das im einzelnen bestand, ist sehr schwer zu sagen. Vielleicht ... die Fülle und die niedrige Qualität. Alles war riesig. Ein Reichtum an billigen Sachen. Das viele Essen, köstlich. Und dann die Freundlichkeit. Ich habe gesagt: Ich komme nur, wenn meine Tochter Barbara am gleichen Ort bleiben kann. Sie ist dann hier in eine Boarding School gekommen, und alle waren sehr interessiert an ihr; sehr gastfreundlich. In Schweden war sie am Anfang sehr abgelehnt worden. Hier war es einfacher.

Weniger einfach war es für Karl Korsch. In all den Jahren seines amerikanischen Exils – er starb 1961 nach über zweijährigem Spitalaufenthalt – ist es ihm trotz größter Bemühungen nur ein einziges Mal gelungen, für zwei Jahre eine Vertretungsprofessur in New Orleans zu ergattern. Seine Bereitschaft, in niedriger qualifizierten Lehrberufen zu arbeiten, nützte ihm nichts. Jemand so hoch Qualifizierten wollte keine Schule einstellen. Erschwerend kam hinzu, daß er bei seiner Einwanderung wahrheitsgemäß angegeben hatte, Kommunist zu sein. Seine Ehrlichkeit, berichtet seine Witwe, beeindruckte die Einwanderungsbehörden dermaßen, daß sie prompt begannen, bei ihm Auskünfte über andere Emigranten einzuholen: Ob X ein Roter sei, hätten sie angefragt, und Karl habe geantwortet, soviel er wisse, sei X ein guter Mathematiker.

Karl Korsch führt, solange seine Frau am College arbeitet, in Boston das Leben eines Privatgelehrten. Er publiziert viel in der Zeitschrift *Living Marxisme* (später: *New Essays*). Für dreißig Doller im Monat mietet er eine Wohnung in einer Slumgegend, in der die Eheleute mindestens die Wochenenden gemeinsam verbringen.

– Wovon hat er in dieser Zeit gelebt?

– Mein Mann hat so sparsam gelebt, wie man es sich kaum vorstellen kann. Wir haben wenig über Geld gesprochen. Ob er für seine Artikel etwas bekommen hat, weiß ich nicht. Ein bißchen habe ich zu seinem Unterhalt beigetragen.

Die erste Zeit hat er hundert Dollar im Monat vom Institut für Sozialforschung in New York bekommen, bei dessen Gründung er sehr geholfen hatte. Ab 1956 dann haben wir Wiedergutmachung bekommen, und davon konnte er leben. Karl mußte mit großer Mühe dazu überredet werden, einen Antrag zu stellen, denn er wollte von den hungernden und frierenden Deutschen kein Geld haben. Erst nachdem ihm der Anwalt erzählt hatte, was für Pensionen die Naziwitwen kriegen, hat er den Antrag unterschrieben.

Nach ihrer Pensionierung arbeitet Hedda Korsch noch fünf Jahre lang in einer jugendpsychologischen Forschungsgruppe. Eine Aufgabe, an der sie »mit ganzer Seele« beteiligt ist. Das freundliche, liberale College hatte sie, die laute und experimentierfreudige Schulen gewohnt war, manchmal als zu langweilig empfunden. Gleichzeitig gibt sie Deutschkurse im Center for Adult Education in Cambridge, wo sie inzwischen zusammen mit ihrem Mann wohnt.

Sie ist ganz und gar in das amerikanische Berufsleben integriert. Ob sie je daran gedacht habe, nach Deutschland zurückzugehen? – Nein, antwortet sie. Sie hätte sich zwar vorstellen können, in manchen Städten in Deutschland zu leben, aber schon wegen ihrer Familie hätte sie das nicht gewollt. Barbara, heute Kinderärztin, und Sibylle, Jugendpsychologin, sind Amerikanerinnen. Barbara so sehr, daß sie sogar mit ihrer Mutter Englisch spricht.

– Wenn ich Deutsch zu ihr spreche, antwortet sie auf englisch, als wenn Deutsch moralisch nicht ganz richtig wäre. Aber wenn Deutsche bei mir zu Besuch sind, spricht sie ausgezeichnet Deutsch. Von mir akzeptiert sie kein Deutsch. Wenn sie natürlich spricht, spricht sie Englisch.

Hedda Korschs Sprache ist nach wie vor das Deutsche. Sie verleugnet es nicht, wie sie auch nicht ihre starke Bindung an Deutschland verleugnet. Das Land, das sie »hinausgeworfen« hat, hat sie nie vergessen. Es blieb immer »ihr« Land, und zwar besonders in Zeiten, in denen es ihm schlechtging.

– Ich bin sehr oft nach Deutschland gefahren, aber nie auf eine sehnsüchtige Weise. Es waren nie sentimentale Reisen. Ich bin nach dem Krieg für die Quäker nach Deutschland gefahren, um das zu machen, was man Erziehungsarbeit nennt. Damit begonnen habe ich noch während des Krieges. 40 bis 45 habe ich fast jeden Sommer ein paar Wochen in einem Quäkerheim für Hitler-Flüchtlinge gearbeitet. Das war ein Heim, in dem Flüchtlinge aufgenommen wurden, bis man eine anständige Möglichkeit der Unterbringung, Arbeit oder einen Ausbildungsplatz für sie gefunden hatte.

Ich habe religiös nichts mit den Quäkern zu tun. Aber es war die Gruppe, mit der ich weitaus am besten zusammenarbeiten konnte. Sie geben fast kein Geld für Verwaltung aus, und sie versuchen, jedem Menschen zu helfen und jeden Menschen ernst zu nehmen. Und sie sind wirklich gegen Krieg.

Nach dem Krieg – als Ordinarius hat man jedes siebte Jahr ein Studienjahr (während dieses Jahres wurde sie übrigens von Elisabeth Freundlich vertreten, d. Verf.)

– bin ich für ein ganzes Jahr nach Deutschland gegangen für die Quäker. Und dann noch ein weiteres Jahr geblieben. Ich hatte mir unbezahlten Urlaub genommen. 1948 und 1949 war ich also in Deutschland. Danach bin ich noch zehn Jahre lang mindestens jedes zweite Jahr für sechs Wochen nach Europa gefahren, meistens nach Deutschland. Für das, was so schön »Erziehungsarbeit« heißt. Ich habe mit Studenten gearbeitet. Ich habe nie bei der Verteilung von Essen gearbeitet oder sonst was, das können andere besser. Ich habe zwei Jahre lang mit Studenten gearbeitet, die von der Schulbank weg oder aus dem Studium in den Krieg geraten waren und die jetzt zurückkamen und desorientiert waren, in jeder Weise desorientiert. Ich habe Studentenberatung und Studentenhilfe gemacht. Mein Hauptquartier war in Göttingen. Ich war in einem alten Verbindungshaus untergebracht, das den britischen Offizieren als Quartier diente. (Göttingen lag in der englischen Besatzungszone, d. Verf.) Einen Volkswagen hatten sie mir auch zur Verfügung gestellt. Göttingen war die einzige Universitätsstadt, die überhaupt nicht beschädigt war, deshalb waren die Arbeitsbedingungen einigermaßen gut.
Aber es war eine wahrlich erschütternde Arbeit. Soviel über Menschen gelernt habe ich sonst kaum in meinem Leben. All diese jungen Leute, die ausgerückt waren im Glauben, sie wären die Krone der Menschheit und das Beste, was es gäbe ... Und nun kamen sie zurück, und kein Hund nahm mehr einen Bissen Brot von ihnen. Wenn sie einen Bissen Brot gehabt hätten ... Sie waren mit einemmal Nazischweine. Sie hatten keine normale Jugend gehabt. Sie waren in Stalingrad gewesen und in Gefangenenlagern. Ich hatte nie versucht,

irgendwie eine therapeutische Ausbildung zu machen, aber ich wußte genug davon, um zu wissen, wer Hilfe braucht, und wie er sie braucht. Diese jungen Menschen waren zum Teil wie alte Männer. Sie hatten Unmenschliches geleistet. Da gab es einige, die hatten ihre Eltern im Osten wieder aufgefunden und zu Fuß in den Westen gebracht. Sie hatten Dinge erduldet, die sie normal nie erduldet hätten. Gleichzeitig hatten sie sich psychisch überhaupt nicht entwickelt. Es war eine Arbeit, an der ich innerlich sehr beteiligt war. Ich konnte mich kaum davon losreißen. Aber dann gab es kein Geld mehr, und ich hatte keine andere Wahl. Außerdem war meine Familie hier. Später bin ich dann jeden Sommer zu Studentenseminaren gefahren. Das waren internationale Zusammenkünfte von Studenten, die ich leitete und koordinierte. Das war ein sehr großer Inhalt meines Lebens, viel mehr als die College-Kurse.

Wie eine, die aus der Bahn geworfen wird, trotzdem unbeirrt ihren Weg geht – nichts illustriert das besser als Hedda Korschs Leben im Exil und ihr Verhältnis zu Deutschland.
Eine besondere Frau! Eine Ausnahme, weil für sie das Exil nicht Berufsveränderung bedeutete. Und auch nicht die Umwertung aller Werte.
In anderer Hinsicht aber entspricht Hedda Korsch dem aus vielen Gesprächen gewonnenen Bild der Frau im Exil völlig: Sie ist eine Helferin. Eine, die weiß, was zu tun ist in der Not, und die es tut – ihren Fähigkeiten und Möglichkeiten entsprechend. Darin gleicht sie vielen Frauen.
Schärft das Exil das soziale Gewissen? Festzuhalten wage ich nur eines: die auffällige Disponiertheit der Frauen

zum Helfen. Eine Qualität, die sich unter dem Druck der Verhältnisse erst richtig entfaltet und manchmal selbst zum Druck wird: entweder repressiv gegen die, die nicht so stark sind, oder selbstzerstörerisch.
Die »erfundene Emigrantin« Anna Trautwein war beides. Von den »echten Emigrantinnen« war keine wie Anna. Allen ging es um mehr als nur um die Erhaltung ihres privaten Glücks und der vertrauten Verhältnisse. Sie übernahmen Verantwortung für Leben – und zwar im konkretesten Sinne – auch außerhalb der Familie.

Zum Beispiel in Gurs:
Im Frauenlager Gurs, einer Barackenstadt am Fuße der Pyrenäen, waren zeitweise bis zu achtzehntausend Emigrantinnen nach dem Einmarsch der Deutschen interniert. Binnen kurzem errichteten die Frauen einen angesichts der katastrophalen Lebensbedingungen (unzulängliche sanitäre Verhältnisse, Überbelegung der Baracken, Unterversorgung etc.) erstaunlich gut funktionierenden »Frauenstaat«. Elsbeth Weichmann beschreibt ihn in ihren Lebenserinnerungen *Zuflucht:* »Die erste Nacht schliefen nur wenige. Die erste Verzweiflung verwandelte sich am nächsten Morgen in einen fast hysterischen Tatendrang. Das Lager sollte gefälliger gestaltet und das Lagerleben organisiert werden. Die rasche Reaktionsfähigkeit vieler Frauen auf neue Lebensbedingungen, ihr Vermögen, sich anzupassen, das bereits in all den Jahren der Emigration zu beobachten war, zeigten in dieser trostlosen Situation wieder ihre gestaltende Kraft. In ruhigen, sachbezogenen Gesprächen mit den wachhabenden Offizieren wurde erreicht, daß innerhalb weniger Tage die größten Unannehmlichkeiten beseitigt wurden. Fußböden und Dächer wurden ausgebessert,

neue Latrinen gebaut, Holzbretter und Nägel geliefert, um Bänke und Tische herzustellen. Ohne viel Gerede und Planung entwickelte sich eine Arbeitsteilung. Es gab Wäscherinnen, Flickerinnen, Friseusen, Barackenreiniger und Kartenlegerinnen. Englische, deutsche, französische Sprachkurse wurden eingerichtet. Bridge- und Skatpartien organisiert. Der Tätigkeitsdrang führte zu Gruppenkontakten, zu einem Gemeinsamkeitsgefühl, das Trost gab, aber auch einen gewissen Zwang zu innerer Haltung.«

Vergleichbare Berichte aus Männerlagern klingen verzweifelter.

Was ich als soziales Gewissen der Frauen bezeichnete, ist nicht bloßes Gefühl für den schlechten Zustand der Welt, sondern auch Handeln zu ihrer Verbesserung. Beispiele dafür gibt es genug; manche reichen bis in unsere Tage: Ruth Liepman bewahrte unter Einsatz ihres Lebens zur Deportation bestimmte Juden vor dem Konzentrationslager.

Ruth Tessoni machte Spitalarbeit im spanischen Bürgerkrieg und erteilte in Amerika am Quaker Center Pendle Hill den ersten Relief-Workers, die nach Europa gingen, Deutschunterricht.

Vera Lachmann gründete zusammen mit deutschen Freunden (nach dem Vorbild ihrer Berliner Privatschule) ein Sommercamp für Jugendliche in North Carolina.

Hilda Bondi suchte sich Arbeit als Handschuhnäherin, um Freunde mitversorgen zu können, denen es noch schlechter ging als ihr und ihrer Familie.

Ruth Fabian leitet zusammen mit Freunden ein Solidaritätswerk für deutsche Flüchtlinge in Frankreich, das Wohnaltersheime und Wohnungen zur Verfügung stellt.

Hertha Haas ist heute bei »Terre des Hommes« engagiert.
Karola Bloch gehört zu den Initiatorinnen des Tübinger Frauenhauses und kümmert sich seit 1971 um entlassene Strafgefangene.

Erinnerungen, Bilder (VI):
Tübingen, 10. August 1980. Ein schöner Sommertag. Genau das richtige Wetter für eine Kahnpartie, findet Karola Bloch. Sie hat schon alles organisiert. Nach unserem Gespräch werden wir ein paar Freunde an der Bootsvermietung treffen. Alle viel jünger als sie und erfahrene Neckar-Ruderer.
Die Fahrt geht stromaufwärts, vorbei an dem Haus, in dem sie wohnt. Als wir eine Entenfamilie überholen, sage ich überschwenglich: Enten sind meine Lieblingstiere.
Karola Bloch lacht mich an: Wie schön! Ernsts auch ...

Um Ernst – Ernst Bloch – war es im Laufe des Nachmittags häufiger gegangen. Um seine Schwierigkeiten, in den elf Jahren des amerikanischen Exils beruflich Fuß zu fassen (darin Karl Korsch vergleichbar), und um die Konsequenzen, die das für seine Frau hatte.
In einem Rückblick auf seine Jahre in Amerika schreibt er: »Wir waren zunächst kurze Zeit auf dem Land, dann in New York, später in Cambridge bei Boston. Ich war glücklich, ungestört auf deutsch schreiben zu können, in einer Sprache, die rundum nicht gesprochen und banalisiert wurde, einer wissenschaftlichen und philosophischen Sprache. Ich habe Tag und Nacht gearbeitet, elf Jahre lang, ernährt von meiner Frau, also kein Vorbild im amerikanischen Sinn. ›Wenn Ihr Mann nun nichts verdient‹, hat ein Amerikaner einmal meine Frau gefragt,

›weshalb wechselt er nicht den Job? Man hat ja nur einen Job, weil man Geld verdienen will, und wenn er mit Philosophie nichts verdient, soll er was anderes machen!‹ Ich konnte nichts anderes machen. Außerdem sprach ich kein Englisch (. . .) Sollte ich Tellerwäscher werden?«

Hätte er Tellerwäscher werden sollen? frage ich seine Frau. – Nein, natürlich nicht! – Ein undenkbarer Gedanke ist das für sie, denn: Erstens habe er »zwei linke Hände« gehabt, und zweitens sei es nicht nötig gewesen. Sie habe ja verdient, und sie hätte es nie zugelassen, daß ein so überragender Denker wie Bloch anderes tut als denken.

– Mein Mann war immer ganz überzeugt davon, daß der Tag kommen wird, an dem er gelesen und berühmt wird. Ich war sehr glücklich darüber, meinem Mann helfen zu können. Ich habe einen Brief gefunden, den ich an Alfred Kantorowicz geschrieben habe und in dem ich schreibe, was ich alles mache. Ich habe ja auch politisch gearbeitet . . . Ich war illegal in der KP Amerikas. Die amerikanische Staatsbürgerschaft habe ich trotzdem eher bekommen als mein Mann. Männer wurden mehr unter die Lupe genommen. Daß eine Frau, berufstätig und mit kleinem Kind, auch noch politisch sein kann, kann man sich in der patriarchalischen Gesellschaft nicht vorstellen. – Also, ich schreibe an Kantorowicz: »Aber Du sollst nicht denken, daß ich nicht glücklich bin. Mein Leben paßt mir, und ich bin sehr froh, daß ich ein Mäzen von Ernst sein kann und daß ich dem Ernst ermöglichen kann, seine Arbeit zu vollenden.«

Seine Arbeit? – Oskar Maria Graf schreibt am 14. September 1944 an Kurt Kersten: »Ernst Bloch sitzt irgendwo in Massachusetts, geht ihm schlecht, schreibt fort und fort an einem Buch über ›Die Träume der Menschen vom besseren Leben‹ (so nennt er sein Buch).« – Es erscheint später unter dem Titel *Das Prinzip Hoffnung.*

Karola Bloch hat alles für ihren Mann und sein Werk getan. Solange sie noch in Europa lebten – bis zum Sommer 1935 in Wien, dann ein halbes Jahr in Paris und ab Ende 1935 bis Mitte 1938 in Prag –, war es einfach gewesen dank erheblicher Unterstützungen ihres Vaters. In Amerika begann die Not.

Die wenigen Tantiemen, die Ernst Bloch dann und wann vom Exilverlag Oprecht erhielt, und die raren Stipendien reichten bei weitem nicht, die dreiköpfige Familie – der Sohn Jan war bei der Einreise sechs Monate alt – zu ernähren. Die Zahlungen des AmGuild – 1939 drei Monate lang fünfzig Dollar und im März 1940 auf Intervention von Otto Klemperer, der wußte, wie schlecht es Bloch ging, eine einmalige Zahlung von fünfzig Dollar – waren nicht einmal ein Tropfen auf den heißen Stein.

So war es an Karola Bloch, den Lebensunterhalt zu verdienen. Die diplomierte Architektin jobbte zunächst als Kellnerin:

– Das fand ich nicht so schlimm. Ich hatte nette Kolleginnen, und außerdem habe ich abgenommen während dieser Zeit, was mich sehr freute.

Dann, weitaus glückloser, als Versicherungsagentin. Als sie die Chance nutzte, in ihrem erlernten Beruf zu arbeiten und etwas mehr Geld zu verdienen, bedeutete das die zeitweilige Trennung von Mann und Kind. Jan wurde zu Pflegeeltern gegeben. Karola Bloch hatte in ihrem Beruf Erfolg. Es gelang ihr, die größte Not zu bannen. Probleme aber blieben genug.

Blochs leben beengt. Sie teilen sich eine Drei-Zimmer-Wohnung mit einer anderen deutschen Emigrantenfamilie. In ihrer Autobiographie *Aus meinem Leben* lese ich: »Ich hatte Arbeit in einem Architekturbüro bekommen, konnte aber doch das Kind baden, mit ihm spielen (. . .) Ernst war viel zu Hause, so daß er immer Kontakt zu Jan hatte. Angesichts der Umstände war das noch eine erträgliche Lösung. Freilich war es nicht schön, nur ein Zimmer zu haben, in dem man schlief, aß, arbeitete, aber wir mußten es ertragen.«

Erinnerungen, Bilder (VII):
Ende des Gesprächs. Karola Bloch ließ sich gern fragen, und das Erinnern fiel ihr nicht schwer. Sie arbeitet zur Zeit an ihrer Autobiographie. Wissen Sie eigentlich noch, frage ich, daß Sie sich über das Problem der Raumnot einmal Gedanken gemacht haben in einem Artikel der Pariser Exilzeitschrift *Die Frau?* –
Nein.
In der Nummer 6 vom Februar 1937, antworte ich. Da haben Sie zusammen mit Friedel Brandeis unter der Überschrift »Wie reorganisiere ich meine Wohnung« Tips gegeben für die optimale Ausnutzung eines Ein-Zimmer-Apartments. –
Ach ja, sagt sie, viel Platz hatten wir damals wirklich nicht.
Und wer war Friedel Brandeis? Was ist aus ihr geworden? –
Eine Kollegin. Eine Freundin. Umgekommen in Theresienstadt. –
Das Gespräch stockt.

Frauenzeitschriften:
Die Monatsschrift für Frieden und Frauenrecht *Die Frau*, von der 1936 bis 1937 acht Nummern in Paris erschienen, und eine ab 1940 in London ebenfalls monatlich erscheinende Zeitung gleichen Titels, *Die Frau*, die von Heft 6 an (im Dezember 1940) unter dem Namen *Frau in Arbeit* von der Gemeinschaft berufstätiger Frauen herausgegeben wurde und deren letzte Nummer 1944 erschien, habe ich im Archiv der Deutschen Bibliothek in Frankfurt gefunden. Die hektographierte Londoner *Die Frau* ist ihrem eigenen Anspruch nach eine Zeitung von Frauen für Frauen. Sie will Bindeglied sein zwischen den in England lebenden deutschen Emigrantinnen. Dabei sollen Anregung, Tips und Unterhaltung nicht zu kurz kommen. *Die Frau* richtet sich vor allem an die arbeitende oder arbeitsuchende Frau: die Hausangestellte, die Farmhelferin, die Krankenschwester. Sie will ihr raten und helfen bei den täglichen Nöten und Sorgen, ein Stück Heimat sein und das Gefühl der Zusammengehörigkeit und Solidarität stärken.

Über soziale Beratung

Liebe Redaktion!
Ich möchte Ihnen über etwas schreiben, von dem ich glaube, daß es Ihre Leserinnen interessieren wird. Der Freie Deutsche Kulturbund, der vielen Frauen schon durch seine Mittwochnachmittage bekannt ist, hat neuerdings eine Sozialberatungsstelle eingerichtet, die jeden Montag Nachmittag von 5–7 ½ Uhr im Kulturbundhaus geöffnet ist. Ich erfuhr davon auf dem »Domestic-Service«-Nachmittag, wo die Sekretärin der Beratungsstelle zu uns sprach. Sie erzählte uns, daß diese Stelle in sozialen Schwierigkeiten berät und an die richtigen englischen Instanzen verweist, daß sie Rechtsberatung gibt und in Fällen großer Not auch kostenlose ärztliche Behandlung vermittelt.

Das ist sehr schön. Aber was uns alle am stärksten berührte, war etwas anderes. Die Beraterin sprach zu uns über unser Heimweh, über unsere Sorgen um Familienangehörige, von denen wir getrennt wurden.
Sie sprach über die vielen persönlichen Schwierigkeiten, die das Einleben in einem neuen Lande – auch wenn das Gastvolk freundlich und hilfsbereit ist – mit sich bringt. Sie sprach besonders eindringlich über die Depressionsstimmungen, die nervösen Störungen und seelischen Konflikte, die so viele von uns belasten. Gerade mit solchen Nöten sollten wir zur Beratungsstelle kommen, meinte sie. Ich ging auch nachher zu ihr und werde diesen Besuch wiederholen, wenn mir einmal schwer ums Herz ist. Marie.

Zugleich will *Die Frau* sie anregen zum Nachdenken über die Vergangenheit und die Zukunft. Zukunft, das heißt für *Die Frau:* »Freiheit für das deutsche Volk und – wir sind Mütter und Frauen – Frieden!« (Nummer 1, Januar 1940).
Diese Zeitung geht davon aus, daß jede Emigrantin berufstätig ist. Immer stehen Probleme der Frau in der Arbeitswelt im Mittelpunkt der Artikel. Erfahrungsberichte neben Mitteilungen.

– Hausangestellte (sehr viele Emigrantinnen waren – entsprechend ihrer »Hausfrauen-Ausbildung« und der Tatsache, daß »domestic permits« am leichtesten zu bekommen waren – zuerst als Hausangestellte tätig) werden auf die Möglichkeiten einer Krankenversicherung hingewiesen.
– Die Frage, ob und wie ein »domestic permit« in eine andere Arbeitserlaubnis umgewandelt werden kann, wird erörtert.

Wichtig für Hausangestellte!

Um den Anspruch bei der »National Health Insurance« während der Zeit der Arbeitslosigkeit nicht zu verlieren, muß sich jede Hausangestellte wöchentlich bei der nächsten Labour Exchange melden und die Karte abstempeln lassen.

Kann ein Domestic-Permit in ein anderes Arbeits-Permit umgetauscht werden?

Mit Ausbruch des Krieges wurden einige tausend deutsche und österreichische Hausangestellte arbeitslos. Die Ursachen hierfür waren die veränderten wirtschaftlichen Bedingungen sowie die Ungewißheit der Arbeitgeber darüber: Ist unser Mädchen »friendly« oder »enemy«. Die Tribunale klärten das Letztere, und es gelang, einen Teil der Mädchen wieder in Arbeit zu bringen.
Für einen bestimmten Prozentsatz jedoch besteht keine Möglichkeit als »domestic« zu arbeiten, da sie den an sie gestellten Anforderungen körperlich nicht gewachsen sind. Viele von ihnen waren in Deutschland im Konzentrationslager oder lebten unter schlechten wirtschaftlichen Bedingungen, die sie entkräfteten, andere wieder sind zu alt.
Alle aber haben den einen Wunsch, sie möchten wieder arbeiten und eine sich immer wiederholende Frage ist: Wie kann ich mein Domestic-Permit in ein meinen Fähigkeiten entsprechendes Arbeits-Permit umtauschen?
Durch die bestehende Arbeitslosigkeit sind die vorhandenen Möglichkeiten z. Zt. nicht sehr groß, da die Labour Exchange nur dann die Erlaubnis zur Annahme einer Arbeit erteilt, wenn keine englischen Arbeitslosen vorhanden sind. Jeder, der eine Arbeit annehmen will, braucht (für jeden Beruf) die Erlaubnis der Labour Exchange. Es ist daher notwendig, sich bei der dem Wohnsitz nächstliegenden Labour-Exchange registrieren zu lassen. Mit der Registrierkarte muß sich die Arbeitssuchende an den bestimmten Meldetagen melden. Es liegt eine Liste mit offenen Stellen aus, in die Einblick getan werden kann.

Wird eine Stelle gefunden, so muß in allen Fällen der Arbeitgeber um die Erlaubnis bei seiner lokalen Labour-Exchange ansuchen, die sich dann mit der L. E. bei der der Refugee registriert ist, in Verbindung setzt.
Es war bisher möglich, in folgenden Berufen Permit-Änderungen vorzunehmen:

Uniform-Näherinnen, Gummimäntel-Näherinnen,
Bedienung elektrischer Maschinen,
Blumenmacherinnen (Papier, Stoff), Kürschnerinnen.

Der Verdienst in den einzelnen Berufen schwankt zwischen 30–60 sh wchtl.

– Die für die verschiedenen Berufe vom »Home Office« festgelegten Mindestlöhne werden bekanntgegeben (der für englische Hausangestellte zum Beispiel betrug fünfzehn Shilling die Woche, und *Die Frau* empfahl, nicht weniger zu verlangen, um nicht die Löhne der englischen Kolleginnen zu drücken) und Hinweise für die Zusammenarbeit mit englischen Gewerkschaften abgedruckt:

Wichtig für Hausangestellte:

Immer wieder kann man feststellen, daß Hausangestellte für geringe Löhne arbeiten. Diese bewegen sich zwischen 5–12 sh wöchentlich. Fragt man die Mädchen, warum sie für so wenig Geld arbeiten, so hört man immer die gleiche Antwort: Wir mögen nicht kündigen, da wir nicht undankbar gegen unsere Arbeitgeber erscheinen wollen. Sie haben uns doch das Permit in unsere Heimat geschickt.
Dieser Standpunkt ist falsch. Werden die Mädchen stellungslos, so stehen sie völlig mittellos da, denn sie konnten ja nicht die geringste Summe für einen solchen Notfall zurücklegen. Vor allem aber: Wer für geringen Lohn arbeitet, drückt damit die Löhne der englischen Kolleginnen und schädigt damit die Interessen der englischen Hausangestellten. Solche schlechtbe-

zahlten Stellen sollten daher unbedingt aufgegeben werden. Der vom Home-Office festgelegte Mindestlohn beträgt 15 sh wöchentlich.

– – – – – – – – – – Hier abtrennen – – – – – – – – – – –

Hiermit bestelle ich ein
Jahresabonnement (2 sh), Halbjahresabonnement (1 sh)
für die Zeitschrift »Die Frau«.

Name: Adresse:

Datum:

– Und mögliche Berufe für Emigrantinnen werden vorgestellt, wie Uniformnäherin, Gummimantelnäherin, Blumenmacherin und Kürschnerin.

Anregung und Unterhaltung bieten Informationen über kulturelle Veranstaltungen, kurze Erzählungen, Gedichte und Filmkritiken. Aus diesen Rubriken läßt sich übrigens oft leichter der politische Standort der Zeitung bestimmen als aus den Berichten über die Arbeitswelt. So ist über den Ernst-Lubitsch-Film »Ninotschka« zu lesen: »Der Film an sich (...) ist lächerlich. Man kann das große Land im Osten anerkennen oder ablehnen, aber man wird zugeben müssen, daß seine Diplomaten mit Messer und Gabel zu hantieren wissen, wie die Diplomaten anderer Staaten auch, daß seine Handelsdelegationen genausogut aufzutreten wissen, wie die Diplomaten anderer Staaten auch« (Nummer 4, 1936).
Die letzte Seite der Zeitung ist den traditionell weiblichen Domänen gewidmet: »Kosmetik ist kein Luxus« heißt die Schönheitsseite und »Für den Gasring« der Rezeptteil.

Für den Gasring
Kleines Fischgericht

In kleine Stücke zerschnittene Fischfilets zusammen mit ein paar ebenfalls zerschnittenen Tomaten, etwas gehackter Zwiebel, einigen Kartoffeln, Butter, zerstoßener Petersilie, Zitronensaft, Salz und Pfeffer gibt man mit etwas Milch in den Kochtopf und läßt bei geschlossenem Deckel alles zusammen auf starkem Feuer ungefähr 20 Minuten kochen.

Appelliert wird an die Phantasie der Frauen als Versorgerinnen der Familie, aus wenig viel zu machen, egal, wie schlecht die Bedingungen sind.

Die gewerkschaftlich orientierte *Frau in Arbeit* (ebenfalls hektographiert) wendet sich ausdrücklich an die Refugee-Arbeiterinnen. Wie in ihrer Vorläuferin *Die Frau* steht das Thema Arbeitswelt im Mittelpunkt der Artikel. Daneben wird der Versuch gemacht, die englische Mentalität und das englische Leben den Emigrantinnen nahezubringen, zum Beispiel durch die Empfehlung, englische Bücher zu lesen oder englische Veranstaltungen zu besuchen. Auffällig ist, daß mit der Zeit immer mehr belehrende Artikel an die Stelle der unterhaltenden treten. Es gibt keine Kochrezepte mehr und keine Kosmetiktips. Statt dessen werden Artikel zur Frauenbewegung abgedruckt.

Ich habe zwei liebe Freundinnen in Frankreich. Bis zu Beginn des vergangenen Jahres arbeiteten sie in den Hospitälern des republikanischen Spaniens. Mit vielen Tausenden Kämpfern der Internationalen Brigaden wurden sie interniert und führen jetzt ein sehr trauriges Leben voller Entbehrungen. Eine Freundin schreibt mir:
»Wir sind ca. 230 Menschen in einem Lager. Das Gebäude ist fast offen und unsere Wohnung macht den Eindruck eines Stal-

les. Nicht schön sieht es von innen aus. Aus Stroh gemachte Lager, ohne Fenster, dunkel, furchtbar kalt und feucht ... Fast keine Beheizung, alles ist gefroren. Morgens kann man die Wäsche nicht anziehen, denn alles ist steif ... Alle sind erkältet. Jeden Tag gibt es sehr viele Kranke.«
Trotzdem verlieren diese Frauen nicht den Mut. Die andere Freundin schreibt mir: »Glaube nicht, daß ich den Kopf hängen lasse, ich denke gar nicht daran ... Traurig, daß ich mein Kind hier gebären muß. Trotz allem bin ich sehr glücklich. Mein Baby, zwar im Lager geboren, wird doch bestimmt ein ruhigeres und schöneres Leben haben als wir.«
Es ist rührend zu sehen, wie diese Frauen aus den verschiedensten Ländern zusammenhalten. Das wenige, was ich von meinem Lohn und meinen übrigen Sachen schicken kann, teilen sie untereinander und bedenken zuerst die Kranken. Besonders freute ich mich über ein paar Zeilen einer mir unbekannten Spanierin, die mich im Namen ihrer Landsmänninnen grüßen ließ. Vor allem betonen sie immer wieder, wie sie Briefe erfreuen als Zeichen für Verständnis und Mitgefühl. Marianne.

Später dann folgen Berichte über die Internierungslager in Frankreich und Aufrufe zur Rußlandhilfe. Die Arbeitswelt der Frauen ist nur noch interessant im Hinblick auf die Frage, ob Frauen kriegswichtige Arbeit leisten. So wird im Heft 22 vom April 1942 gefragt: »Tust Du Deinen Teil für den War-Effort?«
Eine Forderung, die vor dem Hintergrund der Kriegsentwicklung zu sehen ist. Nach dem im Januar 42 gescheiterten Blitzkrieg der Deutschen gegen die Sowjetunion und die 41 verlorene »Luftschlacht um England« befand sich Deutschland in der Defensive. Die englischen und amerikanischen Bombardements deutscher Städte und Industriezentren begannen. Hitler befahl die restlose Mobilmachung. Das Ende des Zweiten Weltkriegs schien greifbar nahe, würden die Alliierten nur alle zur Verfügung stehenden Kräfte mobilisieren.

Die Position der in Paris erschienenen bürgerlich-liberalen Exilzeitschrift *Die Frau* (gedruckt, zweifarbiger Titel) wird in einem Leitartikel von Agnes Binder in der ersten Nummer vom August 1936 deutlich: Die Frauen deutscher Zunge in allen Ländern wollen Frieden. Der Kampf um den Frieden soll mit geistigen Waffen geführt werden.
Die Zeitung berichtet in ihren einzelnen Nummern, wie sich die Frauen in allen deutschsprachigen Ländern für Gleichberechtigung, Fortschritt und Frieden einsetzen. Thema ist immer wieder das Ringen der bürgerlichen Frau um ihren berechtigten Platz in der Gesellschaft, um höhere Bildung, politische Rechte und das Recht auf einen Beruf. Daneben stehen Artikel, die sich mit Heim, Herd und Kindererziehung befassen: Die Frau als Mutter, die keine Kinder für den Krieg erziehen will, ist die Adressatin dieser Aufsätze. Kochrezepte und Schnittmuster komplettieren jedes Heft.
Eine Erna Müller schreibt in Heft 8 vom April 1937: »Ich schlage, weil seine Wirkung besonders graziös ist, hierfür ein Bolerojäckchen vor (. . .) Es hat bei einer schlanken Figur die Wirkung, Taille und Hüfte noch um vieles schlanker erscheinen zu lassen, und hinterläßt den Eindruck von Fröhlichkeit, was wir heute alle so nötig haben.«
In allen Beiträgen wird das Wort »Exil« vermieden. Die Zeitschrift tut so, als wende sie sich nur an reichsdeutsche Leserinnen. Mehrfach werden die Frauen im »Reich« direkt angesprochen. Tenor solcher Anreden: Frauen, laßt uns zusammenhalten gegen die Fehler der Männer im politischen Leben.
Ein Großteil der Artikel wurde von Emigrantinnen verfaßt. Ob nun Agnes Binder die Konsequenzen der Welt-

wirtschaftskrise für die Haushaltsführung untersucht (Nummer 6, Februar 1937) oder Maria Leitner ihre Besprechung des Films »Helene« (nach dem Roman von Vicki Baum: *Stud. med. Helene Willführ*) mit den Worten schließt: »Und hier ist der Film ein wirklicher Frauenfilm. Er zeigt, wie die Frau dem Leben stärker verhaftet bleibt als der Mann. Die Frau, die neues Leben in sich trägt, nimmt mutiger, mit größerer Bereitschaft den Kampf mit dem Leben, den Kampf für die Zukunft auf« (Nummer 7, März 1937) – die Artikel wenden sich an ein neues Selbstbewußtsein. Ein Selbstbewußtsein, das den Männern gewiß oft zu schaffen machte; weniger denen, die – darin vielen Frauen gleich – jede Möglichkeit des Broterwerbs nutzen, und mehr den anderen, den deutschen Doktoren, wie Charlotte Beradt sie nennt, die bedrückt zu Hause saßen und die Welt nicht mehr verstanden.

Daß es auch Männer gab, die nahezu unbeschwert von der Tatkraft und Anpassungsfähigkeit ihrer Frauen zu profitieren verstanden, verraten die Autobiographien von Salka Viertel und Gina Kaus.

Die Viertels waren mit ihren drei Söhnen bereits 1927 nach Hollywood gekommen. Berthold Viertel hatte einen Dreijahresvertrag als Regisseur. Erst die politische Entwicklung in Deutschland macht sie zu Emigranten. Die Schauspielerin Salka bleibt mit ihren Kindern in Hollywood. Sie gibt ihren Beruf auf und beginnt, als das Geld knapp wird, Drehbücher zu schreiben. Er kehrt noch einmal nach Europa zurück. Salka schreibt ihm am 17. November 1932: »Ich erzähle hier, daß Du ein Buch schreibst und gar nichts anderes tun willst. Weiß Gott, es wäre herrlich, wenn es wahr wäre – ich fürchte nur, daß

Du hundert Sachen auf einmal machst, mit tausend Menschen sprichst, anstatt Dein Amerikabuch fertigzumachen oder den Kriegsroman (...) Jetzt ist die Chance da, jetzt, wo ich Geld verdiene, kannst Du schreiben. Ich war sehr stolz, daß ich Dir den Scheck von meinem selbstverdienten Geld schicken konnte, ohne die Ersparnisse anzugreifen! Auch der Mama schickte ich von meinem Schandlohn. Prostitution ist ein Beruf für Frauen.«
Salka Viertels Prostitution ist ihre Arbeit für die Studios. Sie hat unvergleichlich viel mehr Erfolg als ihr Mann. Aber für sie ist er der richtige Künstler.

Gina Kaus, deutsche Schriftstellerin und erfolgreich als Drehbuchautorin, schreibt in ihrer Autobiographie *Und was für ein Leben ...:* »Gewiß, zum Filmeschreiben gehört eine spezifische Begabung, so wie Talent dazu gehört, eine Operette zu schreiben, ein Talent, das Beethoven wahrscheinlich nicht gehabt hat. Auch die verkappte Verachtung, die diese Literaten für die Filmarbeit hatten, mag bei ihrem Mißerfolg eine Rolle gespielt haben.«
Polgar, Döblin, Torberg, Leonard Frank, Alfred Neumann, Heinrich Mann – keinem gelang es, in den Studios Fuß zu fassen.

Berthold Viertel verbittert zusehends. Die Auseinandersetzungen zwischen den Eheleuten nehmen zu, die Trennungen werden immer häufiger und dauern immer länger.
Mehr noch als Salka Viertels Autobiographie *Das unbelehrbare Herz* geben die bislang unveröffentlichten Tagebücher ihres Mannes und der Briefwechsel der Eheleute Auskunft über die Belastungen, denen diese Verbindung ausgesetzt war.

Salka, so Berthold Viertel, nehme ihm die Luft zum Atmen, neben ihr verkümmere seine Kreativität. Sie unterstützt ihn weiterhin. Er rechnet damit. Ihrer Beziehung tut das nicht gut. In ihren Briefen kämpft sie um ihn. Ihr Alltagsleben entfernt ihn ihr. Sie verdient Geld, damit er schreiben kann. Sie wird unabhängig. Die Arbeit, die sie für ihn tut, entfremdet ihn ihr endgültig. Daran ändert nichts, daß sie ihm über Jahre immer wieder ihre Liebe und Bewunderung versichert. Berthold Viertel kehrt nicht zu seiner Frau zurück. Mitte der dreißiger Jahre befreundet sie sich mit Gottfried Reinhard. Trotzdem unterstützt sie Berthold Viertel weiter. Und nicht nur für ihn ist sie da. Ihr Haus in Santa Monica wird schnell zur Anlaufstelle für deutsche Emigranten. Salka hilft, wo sie kann. Beschafft Visa, kümmert sich um Bürgschaften. Sie weiß, wie man einen Job finden und wo man fürs erste wohnen kann: zur Not bei ihr. Ihre Hilfsbereitschaft ist berühmt. Kaum einen Emigranten gibt es, der nicht irgendwann einmal ihrer in Dankbarkeit gedenkt. So auch ihr Mann.
Seinen Dank an die Frau faßt er Jahre später in Verse:

Die durchs Exil uns trugen
Die Frauen uns verbunden,
Die törichten und klugen
Haben den Weg gefunden.
Der ging über Berge und Meere,
Im endlosen Trott und mit Hast.
Und der Mann war oft eine schwere,
Undankbare Last.

Getragen werden wollte Berthold Viertel, und er wurde getragen von Frauen, Frauen, die ihn liebten, die an ihn glaubten und die ihn unterstützten. Allen voran Salka, zeitweilig auch Elisabeth Freundlich, für deren Literaturzeitung er arbeitete und die ihm aufmunternde Briefe schrieb. Und später dann seine zweite Frau, die Schauspielerin Elisabeth Neumann, die er 1940 in New York kennenlernte und für die er noch heute der große Dichter ist, der er immer sein wollte.

Mit keinem Wort ließ sie im Gespräch mit mir gelten, daß ihr Mann je Schreibschwierigkeiten gehabt haben könnte in den Jahren des Exils.

– Die Männer sind doch in ihrem Stolz so wahnsinnig gekränkt worden. Wenn man uns kränkt in unserem Stolz, ist es nicht so schlimm, als wenn ein Mann gekränkt wird. Warum das so ist, weiß ich nicht, aber es ist so.

Frauen seien eben anpassungsfähiger gewesen, anpassungsfähiger aus Liebe, setzt sie hinzu.

Wie wichtig die Liebe der Frau zum Mann ist – Berthold Viertel hat es gewußt:

»Und der Mann war oft eine schwere,
Undankbare Last.«

Als schwere, undankbare Last mag auch Gina Kaus ihren Mann empfunden haben. Eduard Frischauer war Rechtsanwalt und leidenschaftlicher Bridgespieler. In Kalifornien versuchte er aus seinem Hobby einen Beruf zu machen. Das juristische Zweitstudium, das ihm seine Frau finanzieren wollte, war ihm zu anstrengend. Er setzte auf sein Spielerglück. Gina Kaus schreibt in ihrer Autobiographie:

»Eduard verdiente gar nichts. Er spielte in verschiedenen Bridgeclubs mit wechselndem Erfolg, manchmal brachte er ein paar Dollar heim, dann wieder mußte ich ihm aushelfen. Er fühlte sich nicht für die Familie verantwortlich. Wenn er gewann, kaufte er sich die schönsten Anzüge, die elegantesten Schuhe, und einmal, auf Raten, ein sehr schönes Auto. Wenn er verlor, war er so verzweifelt, daß ich ihm unter die Arme griff. Nach Ablauf eines Jahres schuldete er mir eintausendeinhundert Dollar.«

Gina Kaus mußte die Familie allein ernähren.

»Ich konnte mir nicht leisten, darüber nachzudenken, ob es ehrenvoll sei, für den Film zu arbeiten. Ich brauchte Geld, und zwar sofort (...) Es war sicherlich nicht gut für meine Reputation, daß ich jeden Job annahm, auch wenn mir die Geschichte nicht gefiel, aber (...) wir waren jetzt eine sechsköpfige Familie, und ich war diejenige, die sie erhalten mußte.

1945 trennte sich Gina Kaus von ihrem Mann.

»Es gab da keine andere Frau, keinen anderen Mann. Ich konnte nur Eduards völlige Untätigkeit nicht länger ertragen (...) Manchmal kam ich in der Mittagspause heim, um mit meiner Familie zu essen. Dann lag er meist noch im Bett. Eines Abends kam ich ziemlich müde nach Hause, ich setzte mich neben Eduard aufs Sofa und zündete mir eine Zigarette an. Wir plauderten. Nach einer Weile sagte ich: ›Gib mir mal den Aschenbecher.‹ Er rührte sich nicht. ›Nimm ihn dir selbst.‹ Ich sagte: ›Ich lasse mich scheiden.‹«

Dazu paßt, was die Emigrantin Lilly Isler am 10. März 1941 in einem Brief aus New York an ihre Mutter in Wien schreibt:

»Frau Finger sucht jetzt Affidavits für Mutter und Bruder. Herr Finger sagte gestern, so beliebt, wie jetzt die Schwiegermütter sind, waren sie noch nie. Nachdem doch die meisten Frauen arbeiten, die Männer aber andererseits gern ein gutes Essen und einen geordneten Haushalt haben wollen, so ist eine große Nachfrage nach der Schwiegermutter.«

Es habe natürlich auch andere gegeben, sagt Gina Kaus – Männer wie den Millionär Drach aus Wien, der eines Tages zu ihnen gekommen sei und gefragt habe: Wißt Ihr was für mich als Kellner? Ich kann nichts anderes. Aber ich schau' gut aus, ich habe gute Anzüge, ich könnte als Kellner arbeiten –, aber im allgemeinen seien Männer viel schwerer adaptiert gewesen als Frauen. Vielleicht hätten es Frauen leichter gehabt. Vielleicht war es leichter, eine Frau für einen untergeordneten Beruf zu engagieren als einen Mann.

Gina Kaus kennt viele Frauen, die – früher sehr reich – erst in der Emigration gelernt haben, zu arbeiten.

Ihr selbst blieben untergeordnete Berufe erspart. Sie konnte sich immer vom Schreiben ernähren. Auf die Romane folgten im Exil die Drehbücher – in der jeweiligen Landessprache Französisch und Englisch.

– Man kann sehr viel, wenn man will, sagt Gina Kaus. – Warum sie nie wieder einen Roman geschrieben habe, will ich wissen. – Sie habe kein Thema. Und außerdem sei die Sprache ihrer Romane nach wie vor das Deutsche, und das habe sich sehr verändert. Sie könne diese Sprache nicht mehr, und das habe sie auch ihrer Agentin gesagt.

Natürlich, mit ihren Freunden würde sie Deutsch sprechen, das Deutsch von vor vierzig Jahren. – Aus Gewohnheit. Es sei aber nicht die Sprache, die sie einige.

»Was uns Emigranten einigt, uns unbewußt verbindet, ist das gemeinsame Erlebnis. Der große Bruch. Daß wir alle in der Mitte unseres Lebens umlernen, neu anfangen mußten. Wir sprechen seit vielen Jahren nicht darüber, wir sprechen, wie die meisten anderen Menschen, über Tagesereignisse, über erfreuliche oder unerfreuliche Dinge in unserem Leben, über uns selbst, über Bücher, über Filme, über Kunst. Ich glaube, den wenigsten von uns ist bewußt, daß wir auf unausgesprochene, unaussprechliche Weise miteinander verbunden sind. Aber wir sind es.«

Frauen im Exil.
Spurensicherung.
Am Ende der Gespräche sind längst nicht alle Fragen beantwortet. Vieles wurde vergessen und verdrängt. Vieles blieb ungesagt.
Auf keinen Fall ist es ein geschlossenes Bild, das ich habe, eher ein Eindruck von Buntheit bei gleichzeitiger Zusammengehörigkeit.
Mein Wunsch war, starke Frauen zu finden, Frauen, die die Herausforderung Exil annahmen, die an ihr wuchsen, aber nicht an ihr zerbrachen. Ich fand sie.
Keine war wie Anna. Und keine war wie Ilse, Susanna und Marion. Aber in den Gesprächen lernte ich, Anna und die anderen besser zu verstehen.

Anna Trautwein, literarische Gestalt, Erfindung eines Mannes.
Anna Trautwein, deren Schicksal in so vielem dem Schicksal anderer Frauen im Exil entsprach, die alles taten, um ihre traditionelle Rolle als Hüterin und Versorgerin der Familie behalten zu können.
Anna Trautwein, die dachte und handelte für und durch den Mann – bis zur Selbstaufgabe –, doch den Weg aus dieser Selbstaufgabe zu sich selber nicht mehr fand – so Elsbeth Weichmann – und Selbstmord beging.

Darin unterschied sie sich von den anderen Frauen, von den Frauen, mit denen ich sprach: Für sie bedeutete die Erfahrung ihrer Stärke einen Schritt in die Selbständigkeit – und damit oft einen Schritt hin zur Veränderung der Mann-Frau-Beziehung, manchmal ihr Ende.
Das Exil ist eine Extremsituation, und extrem sind die Belastungen, denen jede Partnerschaft im Exil ausgesetzt ist. So etwas bindet aneinander, aber es kann auch trennen: trennen durch die Erfahrung unterschiedlicher Belastbarkeit und unauflösbarer Abhängigkeit.
Solche Trennungen kamen vor. Sie wurden, wie Ruth Fabian sagt, vernünftig vollzogen. Meist, wenn das Schlimmste überstanden war, nach Kriegsende; wenn es den äußeren Anlaß für das Zusammenbleiben nicht mehr gab.

Lion Feuchtwangers Anna Trautwein kam einer Trennung durch ihren Freitod zuvor. Sie starb in dem Augenblick, in dem eine Veränderung ihrer Beziehung zu ihrem Mann unumgänglich gewesen wäre. Ihr Tod zementiert das alte Mann-Frau-Verhältnis, die Auffassung von Stärke und Schwäche, die durch das Exil so nachhaltig gestört wurde.
Schreibend stellte es Lion Feuchtwanger wieder her. Grund genug hatte er dazu: In einer Zeit des Verlustes aller gewohnten Werte – der vertrauten Umgebung, der literarischen Öffentlichkeit, der Sprache etc. – repräsentiert die Frau ein letztes stabiles Moment in einer instabilen Zeit. Sie »realistisch« darzustellen – in ihrer neuen Stärke – bedeutete die endgültige Demontage eines lebensnotwendigen Wertesystems. Das Gestalten vertrauter Frauenbilder, ihr Festschreiben gar, ist die Reaktion auf eine Wirklichkeit, die sich dem gestaltenden Zugriff sperrt.

Lion Feuchtwanger steht damit nicht allein. Dichtung und Wirklichkeit – Dichtung ohne Wirklichkeit? Was ergibt die Spurensuche in Romanen, die andere Männer über das Exil geschrieben haben? – Bruno Frank, Gustav Regler, Oskar Maria Graf, Erich Maria Remarque, Fritz Erpenbeck, Hans Habe ...
Ich entdeckte auch bei ihnen versiegende, versagende, verströmende Frauen, große Liebende und kleine Heldinnen. Aber keine stand im Mittelpunkt dieser Romane. Der war dem Mann und seiner Idee vorbehalten. Die Frauen lebten darauf zu – als Helferin, Kameradin, Mutter, Kind, Bewunderin, Verführerin ... »typisch Frau« eben ... oder männliche Projektion? Eher wohl das letztere.

Dichtung II

Dichtung von Frauen.
Drei Namen: Adrienne Thomas, Irmgard Keun und Anna Seghers.
Am zahlreichsten vorhanden sind Publikationen von und über Anna Seghers.
Irmgard Keuns Romane sind immerhin seit kurzer Zeit wieder greifbar.
Adrienne Thomas hingegen zählt – mit nur einem wiederaufgelegten Roman – nach wie vor zu den vergessenen Dichterinnen. Dabei war sie – wie die beiden anderen auch – in der Weimarer Republik durchaus bekannt und anerkannt. Gleich ihr erster Roman *Die Katrin wird Soldat* – ein leidenschaftliches »Nein« zum Krieg –, war 1930 ein Sensationserfolg und wurde in fünfzehn Sprachen übersetzt.
Auch Irmgard Keun machte ihr literarisches Debüt, *Gilgi – eine von uns,* über Nacht berühmt (1931).
Und Anna Seghers gewann mit ihrer ersten Buchveröffentlichung, *Aufstand der Fischer von St. Barbara,* den Kleist-Preis (1928).
Die Werke aller drei Frauen wurden verbrannt, alle drei haben im Exil weitergearbeitet, und jede schrieb mindestens einen Roman über das Exil: Adrienne Thomas: *Reisen Sie ab, Mademoiselle* (begonnen 1938, erschienen 1944), Irmgard Keun: *Kind aller Länder* (1938) und Anna Seghers: *Transit* (begonnen 1940, erschienen 1944).

Anna Seghers

Autorinnen wie Irmgard Keun und Adrienne Thomas neigten bereits in ihren früheren Romanen dazu, Autobiographie zu »verdichten«. Ihre Exilromane führen das noch ausgeprägter fort.

Anna Seghers dagegen bediente sich – wie ihr Biograph Kurt Batt einmal schrieb – aller Erzählgenres, bis auf einen: den autobiographischen Bericht. Das ist auch *Transit* nicht. Wohl aber ist für diesen Roman – wie für die Romane der beiden anderen Autorinnen – das unmittelbare Erleben der Anlaß für das Schreiben und vieles des Erlebten der Inhalt.
Die Romane von Irmgard Keun und Adrienne Thomas dokumentieren die Stationen ihres Emigrationsweges; der von Anna Seghers ist ein Spiegelbild ihrer Erfahrungen und Gefühle in einer verzweifelten Situation ihres Lebens: Vor den deutschen Truppen unter dramatischen Umständen aus Paris nach Marseille geflohen, kämpfte sie um Aufenthaltserlaubnis und Ausreisegenehmigung, eine Lebenssituation zwischen tödlicher Gefahr und Hoffnung auf Neuanfang, ein Wettlauf mit der Zeit.

In Marseille durfte nur jemand sein, der sich um Visa bemühte. Das zu beweisen war eine Voraussetzung für den Aufenthalt. Wenn man ein Einreisevisum für ein überseeisches Land schließlich hatte, bedurfte es eines Transitvisums für Spanien und Portugal, um das rettende Schiff in Lissabon zu erreichen. Doch auch dann war man noch nicht außer Gefahr, solange die Ausreisegenehmigung der französischen Behörden fehlte. Bis die erteilt wurde, war manches Transitvisum wieder verfallen ... oder der Wartende illegal außer Landes gegangen ... oder tot.
Das ist der Hintergrund für Anna Seghers' Roman *Transit.* Sie selbst wartete auf die Visa, als sie mit der Niederschrift begann. Im Mittelpunkt steht ein namenloser Ich-Erzähler, der einem ungenannt bleibenden Zuhörer seine Erlebnisse seit seiner Flucht aus dem besetzten Paris erzählt. *Transit* ist ein Monolog, sein Held ein Mann,

und worüber er berichtet, verwirrend wie die Wirklichkeit – Marseille 1940.
Die Erzählung – ein Labyrinth; Menschen, die nach Auswegen suchen. Auswege sind für den einen ein Visum, für den anderen eine Liebe und für den dritten – den Erzähler – das Bekenntnis zum antifaschistischen Kampf.
Er hat die Jagd nach den Papieren aufgegeben, ist nunmehr teilnehmender Beobachter, der kennt, was er sieht und wovon er spricht. Nur eines hätte ihn noch zur Ausreise aus Frankreich bewegen können: seine Liebe zu Marie, der Frau des Schriftstellers Weidel, der – von ihr verlassen – in Paris Selbstmord beging. Doch Marie liebt ihren Mann immer noch und mag nicht glauben, daß er tot ist. Zu vieles spricht dagegen. Zum Beispiel, daß er sein Visum in Marseille abgeholt hat. Das hat in Wirklichkeit der Erzähler getan, der – als entflohener KZ-Häftling höchst gefährdet – beschlossen hatte, unter dem »besseren« Namen zu fliehen. Nachlaß und Papiere von Weidel waren ihm zufällig in die Hände gefallen. In der Meinung, ihr Mann wäre bereits nach Mexiko abgereist, macht sich Marie ebenfalls auf den Weg.
Der Erzähler wird bleiben und kämpfen.

Transit ist Anna Seghers' persönlichster Roman. Sie thematisiert in ihm – anders als in ihren anderen Romanen – Selbsterlebtes und -erlittenes. Die »äußeren biographischen Übereinstimmungen« reichen vom Fluchtweg ihres Helden über Maries Exilland Mexiko bis hin zu Weidels Selbstmord, für den der Freitod von Ernst Weiß Vorbild war. In ihren *Briefen an Leser* schreibt Anna Seghers: »Er war mutterseelenallein, denn die meisten Leute waren arretiert oder sonstwie weg (...) Mein Mann war (...) damals in einem Lager, aber ich hatte ja Freunde und Genossen. Durch Zufall kamen wir zusammen, Ernst Weiß und ich. Er war froh zu sprechen und sprach erregt von sich selbst. Ich weiß noch – es hat einen sonderbaren und schweren Eindruck auf mich gemacht –, daß er erzählte, er hätte nicht Arzt bleiben können, weil die Kranken aus einem Grund, den er selbst nicht verstand, kein rechtes Vertrauen zu ihm hatten (. . .) Dann kam die Evakuation von Paris. Wir gingen weg mit den Kindern, wurden überholt von der motorisierten deutschen Armee, kamen wieder zurück nach dem besetzten Paris. Ich wohnte durch Zufall für kurze Zeit in einem kleinen Hotel in der Nähe seines Hotels. Ich fragte dort, ob er noch da sei. Die Wirtin sagte nein und machte ein komisches Gesicht. Und bald darauf hörte ich, er hätte sich das Leben genommen.«

Anna Seghers begann in einer Krisensituation ihres Lebens, *Transit* zu schreiben.
Das haben andere schreibende Frauen im Exil mit ihr gemeinsam. Anderes unterscheidet sie erheblich. Einmal: Anna Seghers' Erzählmonolog wird von einem Mann gesprochen – ihre persönlichsten Erfahrungen läßt sie aufgehen im männlichen Blick auf die Wirklichkeit. Das andere ist das literarische Frauenbild. Ihre Marie gleicht einem Zerrbild der »ewigen Frau« in der »Männerwelt« des Exils: Eine, die ohne viel nachzudenken und zu wissen, warum, dem Mann ins Exil folgt, ihn wegen eines anderen Mannes (und damit verbundener kleiner Sicherheiten) verläßt und schließlich von einem dritten mit Visa versorgt wird, gibt – ohne je wirklich schwach zu sein – allen dreien für Augenblicke Gelegenheit, sich stark zu fühlen.
Doch das tut sie nicht bewußt wie Irmgard Keuns Su-

sanne in *Nach Mitternacht* – »Ich muß mich schwächer zeigen, als ich bin, damit er sich stark fühlen und mich lieben kann« –, sondern wie eine Inkarnation des Ewigweiblichen, zum Unter- und zum Aufgange in einem anderen, dem Männlichen, bestimmt . . .
Anna Seghers: anders als die anderen und darum von mir – bewußt – nur in Anmerkungen erwähnt in diesem Zusammenhang.

Irmgard Keun

Am 6. April 1981 war ich bei Irmgard Keun in Köln.
Ich hatte schon viel eher zu ihr reisen wollen, vor eineinhalb Jahren etwa, als ich gerade begonnen hatte, mich mit den »Frauen im Exil« zu beschäftigen. Damals hatte sie keine Zeit gehabt.
Ich war neugierig auf sie. Ich wollte mehr von ihr wissen, als in ihren Büchern stand.
Am Telefon sagte sie zu mir: »Kindchen, ich schreibe jetzt meine Autobiographie. ›Kein Anschluß unter dieser Nummer . . .‹, so soll sie heißen, und sie wird ein Roman. Sonst glaubt mir ja doch keiner. Und außerdem – wenn ich die Wahrheit schreibe, sind alle beleidigt.« –
Ich notierte mir diesen Satz.

Wir verschoben meinen Besuch auf einen späteren Zeitpunkt. Und so las ich mich weiter in ihr Werk hinein. Aus meinen sehr persönlichen Begegnungen mit ihren sehr persönlichen Texten entwickelte ich nach und nach die Fragen, die ich ihr stellen wollte. Ich glaubte, sie zu kennen. Ich hatte mir ein Bild gemacht. Wie sie aussah, wußte ich inzwischen. Ich hatte sie im Fernsehen gesehen, in einer Literatursendung. Da hatte sie gesessen mit verächtlichem Blick. Die fernsehübliche glatte Freundlichkeit war ihr abgegangen. Das hatte ich mit Wohlgefallen registriert, ihre Antworten für verbindlich genommen und ihre Unkonzentriertheit ignoriert.

Über ihr Verhältnis zu ihren Romanfiguren sagte sie: Meine Figuren führen so eine Art Schauspiel für mich auf. Ich lasse sie verschiedene Rollen ausprobieren, und irgendwann entwickeln sie dann ein Eigenleben, und ich schreibe hinter ihnen her. Manchmal wird mir alles zuviel, und ich würde sie am liebsten umbringen, zum Beispiel bei einem allgemeinen Schiffsunglück ersäufen.
Genauso hatte ich ihre Bücher gelesen: als Proben auf die Wirklichkeit, als Lebensentwürfe.

»Wenn Du sie kennenlernst, werde ich mich sehr freuen, aber besauf Dich nicht dabei, die beiden trinken wie die Löcher.« Das schrieb Egon Erwin Kisch 1935 an seinen Bruder in Wien, als er den Besuch von Irmgard Keun und Joseph Roth ankündigte.
Siebenundvierzig Jahre später starb Irmgard Keun.
Ein Emigrantentod. Von Anfang an.
Der Anfang: Ostende.

Im April 1935 fährt Irmgard Keun nach Ostende. In ihren *Bildern aus der Emigration* schreibt sie: »Ich verreiste nicht, ich wanderte aus, und ich war keineswegs sicher, daß ich noch einmal wiedersehen würde, was ich verließ.«
Warum Ostende? – Weil sie als Kind einige Male mit den Eltern dagewesen ist? Ist die Fremde dann nicht so fremd? Weil sie ans Meer will? ». . . ans Meer, das die Gefühle nicht klein und eng werden läßt und brütende

Ängste und Traurigkeiten reich und fruchtbar machen kann.«

Was sie immer suchte: Menschen und Metropolen; meidet sie sie jetzt? – Warum nicht Paris, London, Prag – die Zentren der Emigration, die Städte, in denen ihre Freunde leben? Warum nicht Amsterdam, wo ihr Verleger Allert de Lange wohnt, mit dessen Hilfe sie Nazi-Deutschland verlassen hat?

Warum Ostende? – Weil es einmal ein mondänes Seebad, »ein Glanz«, war? Weil das Leben in Belgien billiger ist als in den anderen Exilländern? – Aber noch ist Irmgard Keun wohlhabend. Sie reist mit großem Gepäck: Schmuck, Kleider, Pelze, alles wertvoll.

Allein in Ostende: Irmgard Keun schließt Freundschaft mit der Toilettenfrau und dem Zimmermädchen ihres Hotels, sie unterhält sich mit dem Buchhändler und den »Apothekerzwillingen«: ein freundlicher Sommergast, drei Monate zu früh angekommen. Das Lächeln des Kellners über ihr Trinkgeld wärmt sie. In Deutschland war es kalt gewesen.

». . . ein Deutschland der Nationalsozialisten (. . .) mit braunen SA-Männern, fischäugigen Gestapo-Mördern und schwachsinnig-fanatischen ›Stürmer‹-Verkäufern. Ein Deutschland, in dem Kolonialwarenhändler und Feldwebelwitwen Nietzsches Philosophie vollstreckten. Ein Deutschland mit unfrohen, rohen Gesängen und drohenden Rundfunkreden, mit der künstlichen Dauerekstase von Aufmärschen, Partei-Tagen, Heil-Jubeln und Feiern. Ein Deutschland voll berauschter Spießbürger. Berauscht, weil sie es sein sollten – berauscht, weil man ihnen Vernunftlosigkeit als Tugend pries – berauscht, weil sie gehorchen und Angst haben durften – und berauscht, weil sie Macht bekommen hatten. Genügte nicht ein Gang zur Gestapo, um sämtliche Stammtischgenossen zumindest ein bißchen unter Verfolgung zu setzen? Ein Deutschland zynischer Geschäftemacher, breit-behäbiger Gleichgültigkeit und lauer Zufriedenheit mit dem eigenen Wohlergehen. Ein Deutschland verworrener Hoffnungen und zaghafter Zweifel. Und noch ein Deutschland – voll von schmerzlichem Aufzucken und stillem Jammer, müder Resignation, verzweifelter Ratlosigkeit und dumpfem Zorn. Ein armes, geschlagenes, sehr kleines Deutschland, verweht und verstreut im eigenen Land, verweht, verstreut über fremde Länder.«

Erinnerungen an Deutschland:
Ihre Bücher *Gilgi, eine von uns* und *Das kunstseidene Mädchen* waren verbrannt worden als »Straßenliteratur mit anti-deutscher Tendenz«. Trotzdem erhielt sie die Einladung, der Reichsschrifttumkammer beizutreten. Ihr Mann, der Schriftsteller und Regisseur Johannes Tralow, war bereits Mitglied. Erst einmal umgedreht, gäbe sie ein prächtiges Aushängeschild für den nationalsozialistischen Kulturbetrieb ab, die nichtjüdische Erfolgsschriftstellerin, von der Tucholsky einmal gesagt hatte: »Sie hat Humor wie ein dicker Mann, Grazie wie eine Frau, Herz, Verstand und Gefühl«, sie ist etwas, »was es noch niemals gegeben hat, eine deutsche Humoristin«, und ein anderes Mal, als Peter Panter die *Gilgi* rezensierend: »Hier ist ein Talent. Wenn die noch arbeitet, reist, eine große Liebe hinter sich und eine mittlere bei sich hat –: aus dieser Frau kann einmal etwas werden.«
Das war nach dem Erscheinen ihrer ersten beiden Romane gewesen, 1931 *Gilgi*, 1932 *Das kunstseidene Mädchen* – zwei Sensationserfolge.

Daß Irmgard Keun mehr konnte, als nur witzig sein, daß sie sozialkritisch schrieb, parteilich für die Armen, die Gestrauchelten, die kleinen Leute, daß sie mit scharfem Blick den Zusammenhang zwischen privaten Träumen und deren Scheitern und der »großen Politik« erkannte – und das aus der Perspektive von Frauen, die einem festgelegten Leben als Frau und Mutter allemal die gefährliche, sich selbst gefährdende Promiskuität vorzogen –, unterschlug Tucholskys Etikettierung. Irmgard Keuns Heldinnen sind keine »verliebten, kleinen Mädchen« (Hermann Kerten), im Sinn nur das eine: den Mann – Garant für Erfolg und Sicherheit. Sie sind Frauen, die ihre Umgebung unsentimental genau beobachten, denn sie wollen Karriere machen, so oder so: Bei der pflichtbewußten Sekretärin Gilgi ist das der berufliche Aufstieg und die damit verbundene ökonomische Sicherheit und Unabhängigkeit; ihr kunstseidenes Pendant Doris möchte ein »Glanz« werden in der »großen Welt« des Films, aus der sie ihre Verhaltensmuster und Leitbilder bezieht. – Und dann reicht's doch nur gerade eben – zum Überleben. Auch ein Erfolg in Zeiten der Arbeitslosigkeit! – Gilgi und Doris werden desillusioniert, aber nicht entmutigt. In der Desillusion lernen sie weiter: Im Erkunden der Ursachen ihres Scheiterns erfahren sie mehr über sich und die Welt, in der sie leben.
Sie verzweifeln nicht. Am Ende beider Romane steht der Aufbruch der Heldin in eine ungewisse Zukunft, ins Unbekannte. Allein.
Gilgi sagt, warum: »Mensch sein – das heißt was – da gibt's kein Unterkriechen in der Gesamtheit mehr – da heißt's allein sein.«

Der Aufbruch ins Unbekannte.
Allein in Ostende.
»Ich liebe diese großen Flächen, ein Gebirge zerquetscht mich.«
Exil mit Meerblick.
Ein fremder Alltag. Nichts Vertrautes. Konfrontation mit sich selbst, mit Wünschen, Ängsten, Hoffnungen, Sehnsüchten.
»Mensch sein ... da heißt's allein sein.« – 1931 hat Irmgard Keun diese Worte geschrieben. Jetzt lebt sie sie drei Monate lang.
Im Sommer dann kommen die Kollegen. Kisch, Kesten, Zweig, Toller und – Roth. Und mit ihnen die Erinnerung an den Beruf. In Deutschland konnte sie nicht mehr schreiben. Den Grund dafür nennt sie in ihrem Roman *Nach Mitternacht:* »Durch die Diktatur ist Deutschland ein vollkommenes Land geworden. Ein vollkommenes Land braucht keine Schriftsteller. Im Paradies gibt es keine Literatur. Ohne Unvollkommenheiten gibt es keine Schriftsteller und keine Dichter. Der reinste Lyriker bedarf der Sehnsucht nach Unvollkommenheit. Wo Vollkommenheit ist, hört Dichtung auf. Wo keine Kritik mehr möglich ist, hast du zu schweigen.«
Schreiben hätte Anpassung bedeutet. Es hätte bedeutet, sich in der Diktatur einzurichten. Irmgard Keun widersetzte sich dem Werben des NS-Staates und machte aus ihrer Verachtung keinen Hehl. Sie leistete Widerstand, ironischen, gefährlichen Widerstand: Als ihre Bücher beschlagnahmt wurden, verklagte sie die Geheime Staatspolizei und verlangte Entschädigung. Sie wurde vorgeladen, vernommen und verhaftet. Erst ihrem Vater, einem wohlhabenden Kölner Fabrikanten, gelang es schließlich, sie für zweihunderttausend Reichsmark freizukaufen.

Irmgard Keun ließ es auf eine Wiederholung nicht ankommen. Sie entschloß sich zur Emigration. Ein Frankfurter Beamter stellte ihr einen Paß aus. »Sie wollen raus, junge Frau? Ich wünschte, ich könnte es auch.« – So hat es Irmgard Keun einmal Jürgen Serke erzählt.

Ab April 1935 ist Irmgard Keun eine Schriftstellerin im Exil. Sie beobachtet genau, was ihre Freunde tun. Toller will über Deutschland schreiben, aber »Deutschland mitsamt seinem Dritten Reich war so unwirklich geworden, er war so weit davon entfernt und konnte es nur aus dritter Hand sehen und erleben«. Er verzweifelt. Andere retten sich in den historischen Roman. Kesten schreibt über Philipp II., Roth über das alte Österreich, Zweig über Erasmus von Rotterdam ... »Alle diese Schriftsteller hatten früher einmal die gegenwärtige Wirklichkeit in ihre Sprache übersetzt und ihr die Kritik geschrieben, die ihnen ihr Temperament und ihre Persönlichkeit diktierten.«

Irmgard Keun hält nichts von historischen Romanen. In *Nach Mitternacht* läßt sie den Journalisten und Nazigegner Heini »Eunuch« zu dem sich langsam anpassenden Schriftsteller Algin sagen, als der ihm seinen Plan von einem historischen Roman erzählt: »Einen historischen Roman willst du jetzt schreiben? Als Eunuch wirst du diesen Roman schreiben. Ein Schriftsteller hat sich weder vor den eigenen Sätzen noch vor Gott und der Welt zu fürchten, wenn er schreibt. Ein Schriftsteller, der Angst hat, ist kein Schriftsteller.«

Also schreiben über das Exil?

Dazu sagt Irmgard Keun: »Wo aber blieb die große Schilderung gegenwärtiger Wirklichkeit? Die Emigran-

ten hatten kein Land, das ihnen gehörte, und sie lebten mehr oder weniger eine provisorische Existenz (. . .)
Nun war doch aber auch das Emigrantendasein eine höchst lebendige Wirklichkeit, reich an Gutem und Schlechtem und wohl wert, geschildert und dargestellt zu werden. Ja, und das ging nicht recht. Man konnte sich doch nicht darauf beschränken, einen labbrigen Hymnus auf das Land oder die Länder zu singen, in denen man lebte. Man hätte Links und Rechts und Oben und Unten darstellen müssen und vor allem auch das, was einem nicht gefiel. Man hätte es tun können, man wäre weder totgeschlagen noch eingesperrt und kaum beschimpft worden. Aber es wäre sehr unhöflich und sehr ungehörig empfunden worden. Man war als Emigrant nicht gern gesehen (. . .)
Man war in fremden Ländern geduldet, mitunter gern, mitunter ungern. Das hing in der Hauptsache davon ab, ob man Geld hatte und wieviel (. . .)
Vor allem aber war man Gast im fremden Land (. . .)
Als Emigrant hatte man dankbar zu sein und nicht zu kritisieren, auch soziale Zustände nicht, die schon gar nicht. Man hätte nicht nur sich selbst, sondern auch anderen Emigranten das Leben noch schwerer gemacht, als es ohnehin schon war. Und konnte man etwa schildern, wie man sich falsche Pässe und Visa verschaffte, um sich in irgendein Land hineinzuschwindeln? Wie und wo man bestechen konnte? Wie man heimlich und verboten arbeitete, als sei es ein Diebstahl? Es gab da so vieles, was man nicht hätte schildern können, da man es nicht verraten durfte.
Andererseits hätte man auch in einem Roman über die deutsche Emigration beim besten Willen nicht nur rührend gute und edle, sondern auch recht zweifelhafte Emigranten schildern müssen. Und damit hätte man viel-

leicht wiederum manchen geschadet, deren Leben und Existenz sowieso nur noch an einem hauchdünnen Seidenfaden hingen.
Alle diese Erwägungen wurden so beklemmend, daß ich fürchtete, nie in meinem Leben mehr ein Buch schreiben zu können.«

Aber noch hat Irmgard Keun ein Thema, über das sie aus eigener Anschauung schreiben kann: Nazi-Deutschland. Es entsteht *Nach Mitternacht* wie *Das kunstseidene Mädchen,* ein Ich-Roman aus weiblicher Sicht.
Susanna Moder, Kleinbürgertochter aus einem Moseldorf, beschreibt ihre letzten beiden Tage in Deutschland. Wechselnd zwischen Erinnerungen und aktuellem Erleben erzählt sie, wie es zu ihrer Flucht ins Ausland zusammen mit ihrem Verlobten Franz kommt. Sie berichtet von ihrem Umzug nach Köln, von ihren Freunden, Verwandten und Bekannten, von Nachbarn und von sich selbst: ihren Wünschen und Hoffnungen auf ein privates Glück mit Franz, auf die gemeinsame Existenz. Ihr Milieu: das Kleinbürgertum und – vermittelt durch ihren Stiefbruder Algin, einen Schriftsteller – bürgerliche Intellektuelle. Sanna schreibt nur, was sie kennt und was sie sieht und was sie hört. Sie weiß nicht, was Faschismus ist, und ahnt nichts von politischen Zusammenhängen.
»Alltäglicher Faschismus«: Sanna läßt Ereignisse sprechen, ohne sie zu analysieren. Sie schildert Aufmärsche und Jubelfeiern, und wie sie von ihrer Tante denunziert wird; sie beschreibt ihre Festnahme, die Gestapoverhöre und ihre Freilassung; sie sieht Heini Selbstmord begehen und Algin sich anpassen; sie trauert mit ihrer Freundin Gerti, die einen Juden liebt, und hat Verständnis für Franz, der einen Denunzianten umgebracht hat.

Sanna beobachtet, wie sich die Menschen und die Verhältnisse verändern, und merkt, wie auch sie sich immer mehr verändert: Anfangs ängstlich darauf bedacht, nicht aufzufallen, erkennt sie schließlich, daß es »kein gutes Leben im schlechten« geben kann.
Sie paßt sich nicht an, sondern verläßt zusammen mit Franz Deutschland, in sich eine Kraft und ein Selbstbewußtsein, die ihr bislang fremd waren.
»Ich muß mich schwächer zeigen, als ich bin, damit er sich stark fühlen und mich lieben kann.«

Das Unbekannte – das Exil: »Die Dächer, die du siehst, sind nicht für dich gebaut. Das Brot, das du riechst, ist nicht für dich gebacken. Und die Sprache, die du hörst, ist nicht für dich gesprochen.« – Das Brecht-Zitat als letzte Sätze in *Nach Mitternacht.*
In Irmgard Keuns Erinnerungen lese ich: »Bald würde es fertig sein. Und dann? Was würde ich dann schreiben? (...) Was ich über das nationalsozialistische Deutschland, so wie ich es kannte, zu schreiben hatte, hatte ich geschrieben. Noch einen Roman konnte ich nicht darüber schreiben. Von nun an kannte ich es ja nicht mehr aus eigenem Erleben.«

Herbst in Ostende. Die Kollegen haben den Ort bereits verlassen, Irmgard Keun wird in den nächsten Tagen nach Amsterdam fahren. Joseph Roth wartet auf sie. Das Alleinsein ist vorbei. Tucholsky, der Prophet: »Wenn die noch arbeitet, reist, eine große Liebe hinter sich und eine mittlere bei sich hat ...« – Aber Roth ist keine mittlere Liebe, er ist eine große, und alles kommt anders.
Kurz bevor er Irmgard Keun kennenlernte, hatte er sich von seiner langjährigen Freundin Andrea Manga Bell ge-

trennt. »Frau Manga Bell hat sich konstant geweigert, nach den Gesetzen meines Lebens zu leben. Ihre Kinder sind ihr wichtiger als ich.« Aus Irmgard Keuns biographischen Notizen erfährt man einiges über ihre Beziehung zu Roth: Vom chronischen Geldmangel ist die Rede, vom Herumvagabundieren, vom Alkoholismus und von der Eifersucht, vom getrennten Schreiben am gemeinsamen Kaffeehaus-Tisch. In ihren Romanen steht mehr.

Kind aller Länder.
Wieder ein Ich-Roman, diesmal aus der Perspektive eines Kindes, das mit Vater und Mutter kreuz und quer durch Europa emigriert. Die Themen: Geldschwierigkeiten, Paßschwierigkeiten, Eheschwierigkeiten, Arbeitsschwierigkeiten.
Wieder läßt Irmgard Keun die Dinge für sich selbst sprechen. Neu ist die Kindperspektive, als wären kritische Anmerkungen aus Kindermund weniger schlimm. Alles, was Irmgard Keun fürchtete, nicht über das Exil schreiben zu können, läßt sie ihre Kully aussprechen, und so erfahren wir einiges über unangenehme Emigranten, ungastliche Gastländer und – die Abhängigkeit der Frau vom Mann:
Hilflos steht die Mutter des »Kindes aller Länder« den Problemen des Lebens im Exil gegenüber. Sicherheit und Geborgenheit verspricht nur das Zusammensein mit ihrem Mann. Ihn hat das Exil nicht verändert. Selbstbewußt und optimistisch, mit Witz und Phantasie, begegnet er allen auftretenden Schwierigkeiten.
»Mein Vater will aber fast nie, daß meine Mutter für ihn schreibt, und er hat zu meiner Mutter gesagt: Wenn man mit einer Frau lebt, soll man sie nicht für sich arbeiten lassen. Sie glaubt ja doch immer, sie bringe ein Opfer.«

Ihre Kritik an solchen Frauen versteckt Irmgard Keun in dem Entwurf der alleinstehenden Jeanne Moth, Malerin und Fotografin, von der Kullys Vater sagt: »Jeanne ist so ein nettes Mädchen, manchmal ein wenig zu zärtlich, ein wenig zu wirr und etwas verschwenderisch mit sich und ihren Gefühlen. Sie ist gescheit, aber wenn sie eine Gelegenheit hat, eine Dummheit zu begehen, wird sie sie unter allen Umständen begehen. Eine Gemeinheit nie.«
Frauen wie Kullys Mutter und ihre Freundin Frau Fiedler sind weniger begeistert von ihr: Sie habe einen schlechten Charakter und könne keinen Mann in Ruhe lassen. Die Sorge, den eigenen Mann an die schöne Konkurrenz zu verlieren, treibt Frau Fiedler sogar zu Drohungen wie dieser: »Man sollte dafür sorgen, daß sie aus Frankreich abreisen muß, man sollte da wirklich was tun, Sie ist eine deutsche Emigrantin und hat keine carte d'identité. Ihr französisches Visum ist seit einer Woche abgelaufen. Sie hat es mir selbst erzählt.« –
»Ach«, läßt Irmgard Keun da Kullys Vater sagen, »wo sind die schönen guten alten Zeiten, wo die braven bürgerlichen Frauen einander noch mit Regenschirmen auf den Kopf gehauen haben, wenn sie eifersüchtig waren – und die unangenehmeren Frauen nette anonyme Briefe schrieben? Heutzutage arbeiten schon die guten mit Repressalien. Die Politik scheint wirklich alle Menschen und alle menschlichen Beziehungen vergiftet zu haben . . .«
Irmgard Keun in den siebziger Jahren in einem Gespräch mit dem Roth-Biographen David Bronson: »Aus mir wollte Roth etwas machen, was ich nicht war. Oft sagte er zu mir: Eine Dame benimmt sich nicht so. – Eine Dame tut sowas nicht. Mit dem Taxichauffeur durfte ich anstandshalber nicht sprechen. Ein Paket zu tragen, war mir nicht erlaubt.«

Schreiben und Leben. Das Ende von *Kind aller Länder:* Die Mutter geht dem Vater verloren, fast zufällig. Wider Willen ist sie allein.

Genauso endet *D-Zug Dritter Klasse,* die Lust- und Leidgeschichte einer unmöglichen Liebe, einer unmöglichen Reise und einer unmöglichen Trennung; die Geschichte Lenchens, die ständig darauf aus ist, sich von ihrem immer eifersüchtigen und meistens betrunkenen Freund zu befreien – gern auch mit Hilfe eines anderen Mannes ... –, und es dann doch nicht kann. Ort der Handlung: Ein D-Zug dritter Klasse auf der Fahrt nach Paris. Irgendwann steigt der Mann aus, verpaßt die Weiterfahrt, und die Frau ist allein.
Schreiben und Leben.
Gilgi und Doris, die Heldinnen der in Deutschland geschriebenen Romane, hatten sich in vergleichbaren Situationen bewußt gegen den Mann entschieden, hier nun ist durch Zufall die Frau am Ende ohne Mann und nicht in der Beziehung zu ihm untergegangen. Und während Irmgard Keun in *Nach Mitternacht* noch das Bild einer »starken« Frau entwirft, die sich nur »schwach« zeigt, damit der Mann sie lieben und sich »stark« fühlen kann, stellt sie in den folgenden Romanen die alte Geschlechterordnung wieder her.
Die einzige Chance, die ihre Frauen haben, diesem Schicksal zu entgehen, liegt im – Zufall. Zufällig verschwinden die Männer. Glücklich sind die Frauen deshalb nicht, auch wenn die Liebe schon längst zur Qual geworden war. Wie die zwischen Irmgard Keun und Joseph Roth. Sie trennen sich 1937.
Am 27. Mai 1939 stirbt Joseph Roth in Paris. In seinem letzten Text, *Die Legende vom heiligen Trinker,* steht:

»... zu jenem langsamen Untergang entschlossen, zu dem Trinker immer bereit sind – Nüchterne werden das nie erfahren! –, begab sich Andreas wieder an die Ufer der Seine, unter die Brücken.«

Irmgard Keuns einziger Nach-Exil-Roman ist aus der Perspektive eines Mannes geschrieben: *Ferdinand, der Mann mit dem freundlichen Herzen,* erschienen 1950.
Da ist sie wieder allein.

Allein in Köln.
Über ihre illegale Rückkehr nach Deutschland ist viel geschrieben worden. Darüber, daß sie hier nie angekommen ist, zu wenig. Ihre Bücher, in den fünziger Jahren wieder aufgelegt, fanden keine Leser. Erst die Renaissance der Exilliteratur, der Versuch der Wiedergutmachung an den »verbrannten Dichtern«, führt zu ihrer späten Wiederentdeckung. Sie ist eine der letzten, an die sich erinnert wird.
Irmgard Keun reagiert auf ihr Comeback gelassen: »Da gibt es nun Leute, die tun so, als hätten sie eine Mumie ausgegraben. Ich selbst habe mich nie vergessen gefühlt. Warum auch? Ich hatte immer viel zu tun.« – Ihr gefällt der späte Ruhm, ihr Leben verändert er nicht: »... zu jenem langsamen Untergang entschlossen, zu dem Trinker immer bereit sind ...« – Sie ist am Ende angekommen.

Am 6. April 1981 war ich bei Irmgard Keun in Köln. Vier Stunden haben wir nebeneinandergesessen. Sie erzählte, mal sprunghaft-fröhlich, dann wieder traurig-menschenunlustig, immer unkonzentriert: vom Leben in der Fremde, und wie fremd sie sich oft fühle, vom Alleinsein und von Depressionen. Wenn sie sich erinnerte, klang es

wie in ihren Romanen. Ich sagte es ihr, und sie bat mich, ihr aus ihnen vorzulesen. Was ich las, erstaunte sie und gefiel ihr, und sie hielt meine Hand.
Zum Abschied schenkte sie mir zwei Pullover von sich. Die soll ich tragen und sie nicht vergessen.

Am 5. Mai 1982 starb Irmgard Keun.
Ein Emigrantentod.

Adrienne Thomas

Adrienne Thomas. Ein fast vergessener Name. Am 7. November 1980 starb sie in Wien, dreiundachtzig Jahre alt: eine deutsche Wienerin aus St. Avold in Lothringen, zweisprachig aufgewachsen, jahrelang in Frankreich und Amerika zu Haus, in der Weimarer Republik eine bekannte Schriftstellerin, nach 1933 eine verbrannte Dichterin.
Ein paar Zeitungen brachten eine kurze Notiz von ihrem Tod, im Feuilleton unter »Vermischtes«. Ein Nachruf, eine ausführlichere Würdigung ihres Werkes waren nirgendwo zu finden. Adrienne Thomas hatte sich selbst überlebt, sich und ihre Romane. Insgesamt sechs hat sie geschrieben – dazu noch vier Kinderbücher und einige Essays. Gleich der erste Roman war ein Sensationserfolg: *Die Katrin wird Soldat,* 1930 bei Ullstein erschienen. Ein Tagebuchroman. Im Mittelpunkt steht die junge Lothringerin Katrin Lentz. Sie ist siebzehn Jahre alt, als der Erste Weltkrieg ausbricht. Ein sensibles, phantasievolles Mädchen. In der Einleitung zu ihrem als Fortsetzung angelegten Roman *Katrin! Die Welt brennt!* erinnert sich Adrienne Thomas an ihre erste Katrin: »Vielleicht war sie nur ein wenig nachdenklicher als ihre Altersgenossin-

nen, wie es Kinder aus schlechten Ehen oft sind, wacher und kritischer. Zu ihren Eltern und ihrer Schwester Jeanne hatte sie keine andere Beziehung als die: so wie sie wollte sie auf gar keinen Fall werden. Zwischen Tanzstunde und Eisbahn steuert Katrins kleines Leben auf ihre erste Liebe. Lucien Quirin. Ein unbeherrscht, herrschsüchtiger Primaner, in dessen kurzer Lebensspanne sich schon alle Komponenten eines langen Lebens gesammelt haben. Zwischen himmlischer und irdischer Liebe steht er, zwischen ›praktischem Beruf‹ und Bestimmung zum Maler, zwischen Heimaterde und Vaterland, zwischen Frankreich und Deutschland. Alle diese Konflikte beendet der Krieg. Lucien meldet sich kriegsfreiwillig. Und auch Katrin – wird Soldat. Zuerst kocht sie nur Obst ein für die Lazarette und näht Wäsche für die Verwundeten. Dann aber steht sie von heut auf morgen dem ganz großen Ernst ihrer Zeit gegenüber (. . .) Sie arbeitet auf dem Metzer Hauptbahnhof beim Roten Kreuz, erlebt den brausenden Aufmarsch des ausziehenden Heeres und die geräuschlose Rückkehr zerfetzter Menschen. Katrin ist siebzehn Jahre alt und lernt den Umgang mit Sterbenden.«

Das Leben verlernt sie dabei. Alle ihre Freunde fallen, schließlich »fällt« auch sie. Die Diagnose des Arztes lautet Pneumonie. Sie hat sich im Lazarett infiziert. Letzte Tagebucheintragung – und zugleich der letzte Satz dieses Romans: »Das Leben ist so häßlich – und die Menschen so schmutzig – Worauf sollte ich denn noch warten, wozu mich aufbewahren? Vielleicht für eine Fliegerbombe?«

Adrienne Thomas erster Roman wird in fünfzehn Sprachen übersetzt. Für die französische Ausgabe schreibt Jean Giroudoux das Vorwort. Über Nacht ist die bis dahin völlig Unbekannte berühmt. Ihr engagiertes Plädoyer für den Frieden – sie nennt es ihr »Nein« zum Krieg – findet begeisterte Leser. Die Mischung aus Zeitgeschichte und trivial-unterhaltendem Melodram gefällt. Die scheinbare Authentizität der Tagebuchform verfehlt nicht ihre Wirkung: Betroffenheit, Anteilnahme und Trauer. *Die Katrin wird Soldat* ist nach Adrienne Thomas' eigener Aussage der größte Bucherfolg, den eine Frau in Deutschland jemals hatte.

Dennoch notiert sie 1944 im amerikanischen Exil: »Mein ›Nein‹ war vergeblich geschrieben worden. Wieder kam Krieg (. . .) Es gibt Zeiten, da man sich fragt: ist man ein Überlebter oder ein Überlebender? Es gibt Zeiten, da man sich fragt: Wozu noch schreiben, da man zwar gelesen, aber nicht mehr gehört wird?«

Dreiunddreißig Jahre alt war Adrienne Thomas, als dieser Roman erschien. Er erschien in einer Zeit, als man schon wieder durch die Straßen Berlins marschierte, als es schon wieder militärische Feiern und Paraden gab, als man sich schon wieder schlug. Adrienne Thomas sah es voller Schrecken. Sie wußte, wogegen sie schrieb. Sie kannte den Krieg, hatte selbst als Rotkreuzschwester und Kriegshelferin an den Sterbebetten deutscher und französischer Soldaten gestanden – auf dem Metzer Hauptbahnhof wie ihre Heldin Katrin. Ihr Roman ist die Summe ihrer Erfahrungen und Erlebnisse aus vier Kriegsjahren. Ein Stück Lebensgeschichte, literarisch verarbeitet. Als ich Adrienne Thomas kurz vor ihrem Tod über die Entstehung ihres Buches befragte, sagte sie: »Ich hab' einmal abends aufgeräumt. Ich hatte Haufen von Feldpostbriefen. Schade, daß ich sie vernichtet habe. Ich hab' sie nicht freiwillig vernichtet. Ich bin immer geflohen. Ich konnte nicht alles mitnehmen. Eines Abends war ich allein. Ich habe Briefe sortiert und weggeworfen und habe mir Notizen gemacht. Ich wollte Sachen aufheben, hab' sie dann aber nicht aufgehoben, sondern notiert und notiert, und daraus ist ein Buch geworden. Ich habe ein ganzes Jahr daran gearbeitet. Nacht für Nacht. Ich habe es fertiggebracht, mit vier Stunden Schlaf auszukommen. Und ich glaube, es ist ein guter Roman geworden.«

Schreibend »lebte sich« die Autorin noch einmal, jetzt zur tragischen Heldin stilisiert, die am Schrecken des Krieges zerbricht. *Die Katrin wird Soldat* ist ein in großen Teilen autobiographischer Roman. Adrienne Thomas leugnet es nicht.

Auf meine Frage nach dem Zusammenhang von Leben und Schreiben antwortet sie: »Die Katrin . . . ja, das war ich. Das heißt, ich war es insofern, als Punkt für Punkt die politischen Ereignisse stimmen. So habe ich sie erlebt. Aber um einen Menschen zu schildern, muß man zehn kennen. Es hat auch einen Lucien gegeben, natürlich aber nicht in der Art. Wie alle Mädchen hatte ich einen Freund, doch wenn ich den geschildert hätte, wäre das eine sehr langweilige Sache geworden. Aber irgendeine Wirklichkeit war immer dabei. Wirklichkeit und – Phantasie.«

Wirklichkeit und Phantasie. Sie sind bei Adrienne Thomas keine Gegensatzpaare, sondern untrennbar miteinander verbunden. Was sie hier Phantasie nennt, ist nicht das andere, das Ausgedachte, das Fremde, sondern die weitergeträumte Wirklichkeit, so wie sie sie erfährt. Schreiben und eigene Anschauung gehören bei Adrienne Thomas in ihrem ersten Roman und auch in den folgenden zusammen. Keinen gibt es, der nicht deutliche lebensgeschichtliche Parallelen aufweist. Ihre Jugend in Lothringen, der Umzug mit den Eltern nach Berlin, Stationen ihrer Berufsausbildung als Krankenschwester, ihr Gesangsstudium, der frühe Tod ihres ersten Mannes, die Städte, in denen sie lebte, und die Menschen, die sie kennenlernte – alles und alle sind in ihren sechs Romanen versammelt, immer leicht entschlüsselbar. Wenn Adrienne Thomas aus ihrem Leben erzählt, klingt es oft wie die Inhaltsangabe einer ihrer Romane. Romane, in denen die Heldinnen und Helden genauso klangvolle Namen tragen, wie die Lothringerin Hertha Strauch sich selbst einen gab: Adrienne Thomas. Sie berichtete mir, wie es zu dieser Wahl kam: »Ja, das ist ein Künstlername. In meiner Familie gab es den Namen Thomas. Und Adrienne hat mir gefallen. Das ist ein internationaler Name. Der kann überall richtig ausgesprochen werden. Eigentlich wollte ich mein erstes Buch unter dem Namen meines ersten Mannes machen. Und dann hab' ich mir gedacht, vielleicht wird er dann immer gefragt: Sind Sie der Mann von . . . Und das wollte ich nicht.«

Adrienne Thomas, eine Schriftstellerin, die schreibt, als ob sie lebt, was sie schreibt. Und die lebt, als ob sie schreibt, was sie lebt. Und – auch das ist wichtig – die vom Schreiben leben kann. – Ihr Mann, ein deutscher Arzt, ist kurz nach Erscheinen der »Katrin« nach langer Krankheit gestorben. Adrienne Thomas ist alleinstehend. Sie ist erfolgreich. Der Ullstein-Verlag hat sie unter Vertrag genommen, mit Vorschuß. Nun schreibt sie am liebsten über Beziehungs- und Liebesprobleme künstlerisch ambitionierter, gebildeter Menschen aus besseren Kreisen. Ihre Männer sind in traditionellster Weise »männlich« und ihre »Frauen« in der Regel sehr »weiblich«.

Ihre nächsten Romane sind routiniert geschrieben, triviale Träume von der Wirklichkeit. Träume vom Glück zu zweit und der Schwierigkeit, es zu erleben.

Was in der »Katrin« kombiniert war mit Informationen und Reflexionen zur Zeitgeschichte und dadurch gleichsam entschärft, gewinnt in Texten wie zum Beispiel *Dreiviertel Neugier* (ursprünglich eine Auftragsarbeit für Ullstein, 1934 im Exilverlag Albert de Lange erschienen) die Überhand: Die Wirklichkeit verkommt Adrienne Thomas hier zur Anekdote, und das eigene Erleben gerät zur »Datenbank« für Biographie und Charakteristika der Romanheldin. Der Inhalt dieses Romans: Barbara, Kriegerwitwe, Musikstudentin, bildschön, hochbegabt und sensibel, liebt zwei Männer. Das Problem, weder mit ihnen noch ohne sie leben zu können, löst sie durch einen halb zufälligen Selbstmord. Das alles spielt in Zeiten und an Orten, die Adrienne Thomas gut kennt: Erster Weltkrieg, zwanziger Jahre, Magdeburg und Frankfurt. Doch davon ist in *Dreiviertel Neugier* nicht viel zu merken, denn für das Wenige, was in diesem Roman geschieht, sind Ort und Zeit nur noch Kulisse.
Adrienne Thomas ist schnell an die Grenzen des »lebensgeschichtlichen Schreibens« gestoßen. Auf eine ebenso einfache wie dramatische Formel gebracht, heißt das: Je mehr sie erlebt, desto mehr schreibt sie. Und desto besser und am besten, wenn die Wirklichkeit kaum noch Zeit zum Träumen läßt. Auch dann träumt Adrienne Thomas weiter, dann jedoch Träume, die Antworten auf die Wirklichkeit sind – und zwar nicht, indem sie die Wirklichkeit fliehen, seltsam weltfern werden wie in *Dreiviertel Neugier,* sondern indem sie an das, was die Wirklichkeit verweigert, gleichsam träumend erinnern.
Ihr erster Roman und ihre beiden letzten: *Reisen Sie ab, Mademoiselle!* (1944 in Stockholm erschienen) und *Ein Fenster am East River* (1945 in Amsterdam verlegt) sind in Krisensituationen entstanden und handeln von Krisensi-

tuationen. Der erste ist die sehr persönliche Auseinandersetzung mit dem Ersten Weltkrieg, die beiden letzten Verarbeitungen der Erfahrung »Exil« in Europa und Amerika. Besonders interessant ist *Reisen Sie ab, Mademoiselle.* Die erklärte Pazifistin Adrienne Thomas nennt dieses Buch im Vorwort ihr »Ja« zum Krieg. Zum Krieg gegen Hitler, gegen den Hitler-Faschismus, gegen den Antimensch: »Ich bin kein Held. Ich weiß, was Angst ist. In Wien hatte ich Angst. Man brauchte nur das Radio anzustellen und die plebejischen Stimmen der neuen Machthaber zu hören, ihren niedrigen Hohn und ihr beispiellos ordinäres Gejohle (. . .) Ich hatte Angst vor dieser braunen Pestwelle, vor diesem Unterweltabschaum, der plötzlich das Straßenbild beherrschte. Ich hatte Angst; aber nachts saß ich dann doch an irgendeinem Tisch und schrieb. Man durfte doch nicht schweigen. Man mußte doch zeigen, wer die hier waren. Alle moralischen, alle menschlichen Kräfte der Welt mußten sich vereinigen gegen den Antimensch. Jede Stimme, auch die kleinste, mußte mit einstimmen in den Ruf zum Großen Sammeln: Ja! – In Wien, im Jahr 38, begann ich mein ›Ja‹ (. . .)«

Ihr »Ja« zu diesem Krieg war ebenso engagiert und packend wie acht Jahre zuvor ihr »Nein« – und dazu, wie sie selbst sagt, ein Stück Zeitgeschichte.

Ganz anders liest sich ihr zweiter Exilroman: *Ein Fenster am East River.* Vielleicht ihr »Ja« zu Amerika und zum American way of life, sicherlich eine Dankadresse an das Land, das sie aufnahm . . .: »Ich gehörte zu jenen, die bald nach Frankreichs Kapitulation ein sogenanntes Emergency-Visum der USA erhielten (. . .) Zum erstenmal reiste ich unter der amerikanischen Flagge. Zum erstenmal hörte ich die amerikanische Nationalhymne

(. . .) Während wir stehend jedes Wort in uns aufnahmen, war uns, als streckten sich den Schiffbrüchigen von jenseits des Ozeans rettende Hände der Freien und Tapferen entgegen (. . .)«
Europa fürchtete Adrienne Thomas, Amerika war sie entschlossen zu lieben. Vergleicht man die beiden Exilromane miteinander, den Europa-Roman und den Amerika-Roman, so ist interessant, um wie vieles stärker ausgeprägt die trivial unterhaltenden, traumfabrizierenden Momente im Amerika-Roman sind. Er entstand in einer vergleichsweise gesicherten Lebenssituation. Adrienne Thomas hatte nach der Flucht aus Europa in New York Arbeit als Journalistin gefunden und – einen Mann. 1941 heiratete sie den österreichischen Emigranten Julius Deutsch, Staatssekretär der ersten republikanischen Regierung Österreichs, Gründer des republikanischen Schutzbundes zur Abwehr der drohenden faschistischen Diktatur, General im spanischen Bürgerkrieg. Das Exil mochte nun einiges an aktuellem Schrecken für sie verloren haben, in der Erinnerung an Europa allerdings existierte er noch. Im *Fenster am East River* erinnert sich die tschechoslowakische Jüdin Anna aus guter Familie, jetzt Telefonistin in New York und glücklich verliebt in Tom, einen Arzt, in Rückblenden an Europa und an ihre Flucht aus Europa. Doch solche Erinnerungen sind selten, denn erinnern ist schmerzlich, und die Gegenwart ist schön. Anna konnte sich schließlich retten – über Jugoslawien nach Venedig und von dort aus zu Freunden nach Frankreich.
Wie Anna, so Adrienne:
»Einfach war das nicht. Ich hatte keinen Paß, nur einen abgelaufenen deutschen Paß. Ich bin dann untergetaucht. Durch Beziehungen habe ich einen französischen

Paß bekommen. Gefälscht. Sogar der Ausreisestempel war schon drin. Und dann bin ich über die Grenze, über die ČSR, über Jugoslawien nach Venedig. Von da nach Frankreich. Zusammen mit einem Arzt. Wir hatten natürlich Angst, daß die Deutschen die Schönheitsfehler im Paß entdecken könnten. Da sagte der Arzt plötzlich geistesgegenwärtig: Wir haben etwas zuviel Geld dabei. Können Sie uns vielleicht sagen, wie wir das machen müssen? Und schon war der Deutsche abgelenkt vom gefälschten Paß.« Die gleiche Szene im *Fenster am East River:* »Wie ist das, Volksgenosse – wir wollen hinüber in die Ostmark zum Wintersport. Da brauchen wir doch keine Devisenausfuhrbewilligung mehr? Ich habe fünfundzwanzig Reichsmark zuviel bei mir – und in zehn Minuten geht unser Zug. – Die Gesichter der beiden verloren die dienstliche Schärfe. Devisenausfuhr war nicht ihr Gebiet. Infolgedessen konnten sie sich ein menschliches Interesse für den Fall leisten: Sind wohl auf Hochzeitsreise? schmunzelte der eine (. . .)«
Ganz andere Beispiele enthält der Roman *Reisen Sie ab, Mademoiselle!,* Adrienne Thomas' autobiographischster Text, entstanden in den Jahren zwischen 1938 und 1941, den Jahren des Exils in Österreich und Frankreich. Ihre Heldin Nicole läßt sie erleben, was sie selbst erlebte: die Flucht vor Hitler, die Emigration von Land zu Land: Die sechzehnjährige Nicole, von Geburt Französin wie Adrienne Thomas, verläßt nach dem Einmarsch der deutschen Truppen im März 1938 unter dramatischen Umständen Wien in Richtung Frankreich. Eine Zeitlang lebt sie in relativer Geborgenheit in Sèvres bei Paris. Mitte Mai 1940 – Hitler hat wenige Tage zuvor erfolgreich seinen Westfeldzug begonnen – wird sie zusammen mit deutschen und österreichischen Emigrantinnen von den

französischen Behörden im Velodrôme in Paris interniert und eine Woche später am 22. Mai in das Barackenlager Gurs am Fuße der Pyrenäen deportiert. Als die deutschen Truppen näherrücken, flieht sie mit gefälschten Entlassungspapieren aus Gurs, der »Stadt ohne Männer«. Sie verbirgt sich einige Zeit in einem Pyrenäendorf, bis sie sich über Spanien nach Lissabon durchschlagen kann. Von dort geht ihr Schiff in die USA. Bis in die Details stimmen die Stationen dieser Emigration mit Adrienne Thomas' eigenem Fluchtweg überein. Mit *Reisen Sie ab, Mademoiselle!* dokumentiert sie, was ihr auf diesem Weg widerfuhr, was sie dachte und wovon sie träumte. Sie mischt Zeitgeschichte, persönliche Erfahrungen und kluge Einschätzungen der politischen Lage ungeniert mit Kolportage, Kitsch und Liebesschnulzen. Bei ihr sind die Guten gut und die Bösen böse; Widersprüche duldet sie nicht, außer dem einen großen, der da heißt: Widerspruch gegen den Hitler-Faschismus. Der ist das »Nadelöhr«, durch das ihre Helden müssen, damit sie zu »richtigen Helden« werden. Adrienne Thomas schreibt – im einfachsten Sinne des Wortes – »parteilich«: Sie vertritt eine entschieden antifaschistische Position. *Reisen Sie ab, Mademoiselle!* ist von erheblichem zeitgeschichtlichen Interesse und immer dort präzis, informativ und anrührend, wo es um die Schilderung selbst erfahrener Wirklichkeit geht, wie zum Beispiel im Bericht über das Leben im Frauenlager Gurs. Nicht im phantasievollen Fabulieren, im »Ausdenken« von Wirklichkeiten, liegt Adrienne Thomas' Stärke, sondern im Schreiben aus eigener Anschauung, aus persönlicher Betroffenheit. Diese Einschätzung heißt nicht, daß die Qualität ihrer Texte nach ihrem »objektiven Wahrheitsgehalt« bestimmt werden soll.

Wenn Adrienne Thomas sich schreibend mit Krisenerfahrungen in ihrem Leben auseinandersetzt, stabilisiert sie, was instabil ist, fügt sie zusammen, was unruhige Zeiten auseinandergerissen haben, und gibt Sinn, wo sonst Sinnentleerung herrschte. Sinn und etwas Glanz. Adrienne Thomas beschränkt sich in ihren Texten nicht auf die Schilderung des Unglücks, sondern läßt ihre Heldinnen und Helden erleben, was in jenen Zeiten kaum noch erlebbar war: ein wenig Glück, kleine Erfolge, eine große Liebe. Und das alles nicht im luftleeren Raum, sondern vor dem realen Hintergrund der Exilsituation. So liegt die Wahrheit dieser Texte längst nicht nur in der gewissenhaften Dokumentation des Grauens, sondern auch und gerade in jenen Trivialpassagen, die Auskunft geben über fast verschüttete Hoffnungen und Sehnsüchte. Romane wie Adrienne Thomas' *Reisen Sie ab, Mademoiselle!* sind Material und Beitrag zur Geschichte der Frauen im Exil. Sie berichten über die gesellschaftliche Bedeutung, die den Frauen zukam, und darüber, in welcher Weise im Exil auch weibliche Bedürfnisse und Fähigkeiten Platz hatten.

Noch einmal: Die Domäne der Frauen war der Alltag – im Leben wie im Schreiben; die der Männer der politische Kampf, die Aufklärung über den Nationalsozialismus, das antifaschistische Engagement. Schildern sie den Alltag, dann deutlich unter diesem Gesichtspunkt. Auf die Kompliziertheit eines Alltags, der sich ihrem gestaltenden Zugriff entzieht, reagieren sie vielfach mit Verschweigen und Vereinfachen. Das »lebensgeschichtliche Erzählen«, das in den Texten der Frauen im Vordergrund steht, ersetzen sie durch den »zeitgeschichtlichen Bericht«. In einem bemerkenswerten Punkt allerdings gleichen sich die Texte: in der Schilderung der Mann-Frau-Beziehung. Entworfen wird in beiden das Bild einer Frau, die in Abhängigkeit von und in Hinblick auf den Mann lebt.

Was bei Irmgard Keun und Adrienne Thomas eher zwischen den Zeilen zu entdecken ist, hat Gertrud Isolani in ihrem Romanbericht über Gurs, *Stadt ohne Männer,* in Worte gefaßt, die an Deutlichkeit nichts mehr zu wünschen übrig lassen: »Freilich, Carola, es gibt gewiß nur ganz wenige schöpferische Naturen unter den Frauen, die meisten sind nur etwas durch den Mann, für ihn oder ein Stück von ihm, manche vielleicht auch gegen ihn – aber sie sind in keinem Fall etwas *ohne* den Mann.« Und dann folgen in Hülle und Fülle Beispiele, die diese Behauptung belegen.
Über die Entstehung ihres Buches befragt, erzählte Gertrud Isolani, daß sich *Stadt ohne Männer* fast von selbst geschrieben habe. Sie habe sich ständig Notizen gemacht und auch ein paar Reportagen für Schweizer Zeitungen verfaßt und durch Bestechung aus dem Lager geschmuggelt. Nein, der Roman sei nicht erfunden oder gedichtet, sie arbeite journalistisch. Alle Frauen, die im Roman vorkämen, habe sie gekannt. – Das seien Schicksale, die sie miterlebt habe. *Stadt ohne Männer* sei ein beinahe authentischer Roman; allerdings habe sie viel Phantasie und würde Tatsachen gern weiter ausspinnen . . .
Tatsächlich haben die Frauen – Elsbeth Weichmann hat es präzise beschrieben – in Gurs einen funktionierenden Frauenstaat »gegründet«. Das ausgesponnene also ist der Traum vom Mann.
»Ich war eine Träumerin«, sagt Gertrud Isolani, »aber das hat sich schon gebessert durch das Leben, das ich

führen mußte. Ich durfte nicht träumen. Ich mußte mich ja wehren.« Sie wehrte sich, indem sie aufschrieb, was sie erlebte. Als Antrieb ihres Schreibens nannte sie mir »Liebe, Erotik, verkappte Sexualität«, und wenn sie von sich sprechen sollte, sprach sie von ihren Beziehungen zu Männern. Zu direkten Fragen wich sie aus mit dem Hinweis auf ihren Gurs-Roman: »Ich schildere mich doch in allen Frauen selber.« – Und auf alle Frauen wartete – jedenfalls im Roman – ein Mann: Fluchtpunkt der Wünsche nach Geborgenheit in einer Zeit innerer und äußerer Obdachlosigkeit.

Was wie ein sehr privates Bekenntnis klingt, bringt ein Gefühl des Exils auf den Punkt: die Angst vor dem Alleinsein. Frauen wie Männer hatten sie. Die tradierte Geschlechterordnung, die sie in ihren Texten beschwören, garantiert – Zweisamkeit. Und läßt hoffen auf bessere, glückliche Zeiten. So hält es auch Adrienne Thomas in *Reisen Sie ab, Mademoiselle!:* Zwar sind ihre Heldin und deren Freundin Beate tatkräftige, selbständige Frauen und durchaus in der Lage, sich selbst zu ernähren, doch ist es letztlich der Gedanke an den – egal, wie fernen – Mann, der ihrem Handeln, Denken und Fühlen Sinn verleiht. Ihm legt die Autorin ihre Argumente gegen den Faschismus in den Mund, die Frauen läßt sie mehr gefühlsmäßig agieren. Konsequent: Das Emergency-Visum für die USA, das ihr Hermann Kesten als einer besonders gefährdeten Persönlichkeit verschaffte, erhält im Roman *Reisen Sie ab, Mademoiselle!* der Spanienkämpfer Wenzel Wegscheid. Nicole liebt ihn, den Wiener Chauffeur. Er ist für sie Inbegriff von »Heimat und Schutz«. Alles, was sie weiß, weiß sie von ihm. »Denn was Treue ist und Kameradschaft, das hat sie gelernt in der Garage in Wien.

Bei Wenzel . . .« Als sie ihn wiedersieht als hilflosen Gefangenen hinter Stacheldraht, jubelt sie: »Er ist es wirklich! Wenzel! Unser Wenzel! Nun ist alles gut!« Dies schreibend vollbringt die im Exil unabhängige Adrienne Thomas eine hohe Anpassung an ein längst im Verschwinden begriffenes männliches Selbstverständnis.
Ganz so weit wie Irmgard Keun geht sie allerdings nicht, die in *Kind aller Länder* das Bild einer Frau entwirft, die ohne ihren Mann nahezu verloren ist. Adrienne Thomas' Frauen zeigen sich den Forderungen des Exils gewachsen – wie sie selbst.
»Torberg hat einmal gesagt, es waren zwölf verlorene Jahre. Für mich waren es zwölf gewonnene Jahre. Ich war überall gern. Ich habe mich überall zurechtgefunden. Ich habe das Beste daraus gemacht, habe mich nicht unterkriegen lassen. In Amerika hab' ich bescheiden gelebt, bei einer Zeitung gearbeitet. Ich hab' da alles gemacht. Sachen, die ich noch nie gemacht hatte in meinem Leben . . . Alles war neu für mich, und ich hab' mich wohl gefühlt.«
Zwei Dinge mögen für ihre positive Einstellung ausschlaggebend gewesen sein: Erstens blieb der zweisprachig aufgewachsenen Deutschfranzösin die Erfahrung des Entwurzeltseins und der »Sprachlosigkeit«, die den nur deutschsprachigen Emigranten schwer zu schaffen machte, weitgehend erspart. Zweitens konnte sie ihren sozialen Status als Schriftstellerin halten. Ihre Art zu schreiben war gefragt. Denn: Die Sehnsucht nach »Einfachem« in »komplizierten Zeiten« ist groß. Und nicht nur in komplizierten Zeiten . . . Jedenfalls, wenn man Rolf Dieter Brinkmann glaubt, der, nachdem er die wunderbare Schnulze der Platters, »Only you«, gehört hatte, in sein Tagebuch schrieb: »Übrigens, warum mögen Kin-

der, und, ist man zu sich selber ehrlich, auch Erwachsene viel lieber Kitsch? Ich meine, daß im Kitschigen noch viel mehr unausgeträumtes Material steckt, unausgeträumte Träume, die man selber noch mit etwas anderem als mit Denken füllen und austräumen kann!«

Träume von einer besseren Welt? Träume von einem anderen Leben? Im Exil waren sie überlebensnotwendig! Für die, die sie aufschrieben, genauso wie für die, die sie lasen.

Meine Gesprächspartnerinnen

Ohne die Hilfe dieser »Frauen im Exil« wäre mein Buch nie entstanden. Ich danke allen.

Charlotte Beradt (New York)
Freie Journalistin und Sachbuchautorin
Exilländer: England und USA
Treffen am 28. August 1979 in Hamburg und im Mai 1980 in New York
»Emigrationsberuf«: Friseurin
Charlotte Beradt verwaltet heute den Nachlaß ihres Mannes Martin Beradt.

Karola Bloch (Tübingen)
Architektin
Exilländer: Österreich, Frankreich ČSR, USA
Treffen am 28. August 1980 in Tübingen
»Emigrationsberuf«: Serviererin, Versicherungsagentin
Ich zitiere in meinem Text aus Karola Blochs Autobiographie *Aus meinem Leben,* Pfullingen 1981.

Hilda Bondi (New York)
Sängerin
Exilland: USA
Treffen am 13. Mai 1980 in New York
»Emigrationsberuf«: Handschuhnäherin

Ruth Fabian (Paris)
Juristin
Exilländer: Frankreich, Schweiz
Treffen am 7. September 1983 in Hamburg
»Emigrationsberuf«: Serviererin, Gründung eines Zeitungsausschnitt-Büros zusammen mit ihrem Mann Walter Fabian
1977 hat Ruth Fabian zusammen mit Corinna Coulmas im Saur-Verlag eine Dokumentation über die *Deutsche Emigration in Frankreich nach 1933* veröffentlicht.

Marta Feuchtwanger (Pacific Palisades)
Sportlehrerin
Exilländer: Frankreich, USA
Treffen am 12. Juni 1980 in Pacific Palisades
Marta Feuchtwanger verwaltet heute den Nachlaß ihres Mannes Lion Feuchtwanger. Ich zitiere aus ihrer Autobiographie *Nur eine Frau,* München, Wien 1983.

Elisabeth Freundlich (Wien)
Theaterwissenschaftlerin, Schriftstellerin
Exilländer: Frankreich, USA
Treffen am 7. März 1980 und am 23. Oktober 1983 in Wien
»Emigrationsberuf«: »Schwarzarbeit«, Unterrichtstätigkeit, Ausbildung als Librarian, Herausgabe der Literaturbeilage der *Austrian American Tribune*
Elisabeth Freundlich schreibt Romane und Sachbücher. Sie hat mehrere autobiographische Aufsätze über das Exil veröffentlicht; darunter: »Abschied und Wiederkehr« (in: *Vom Reich zu Österreich,* Wien 1983) und: »Der große Exodus«. »Wo Österreich am Leben blieb« (in: *Das größere Österreich,* Wien 1982).

Gaby Glueckselig (New York)
Goldschmiedin
Exilland: USA
Treffen am 22. Mai 1980 in New York
»Emigrationsberuf«: Goldschmiedin

Gisela Graf (New York)
Juristin
Exilländer: Holland, Belgien, Palästina, USA
Treffen am 20. Mai 1980 in New York
»Emigrationsberuf«: Reißverschlußreparateurin
Gisela Graf verwaltet heute den Nachlaß ihres Mannes Oskar Maria Graf.

Mimi Grossberg (New York)
Modistin
Exilland: USA
Treffen am 7. Mai 1980 in New York
»Emigrationsberuf«: Modistin
Mimi Grossberg, »literaturwissenschaftliche Autodidaktin«, hat sich sehr verdient gemacht um die Dokumentation der österreichischen literarischen Emigration in New York. 1977 hat sie in *Literatur und Kritik* (Österreichische Monatsschrift, Oktober 1977, Wien) einen längeren Aufsatz mit vielen Textbeispielen veröffentlicht: »Der New Yorker literarische Kreis von 1938« (ursprünglich ein Vortrag im Wiener PEN-Club – gehalten am 8. Oktober 1976).

Hertha Haas (Hamburg)
Philologin
Exilländer: Italien, England
Treffen am 28. September 1983 in Hamburg

»Emigrationsberuf«: in Italien Französischlehrerin, in England Krankenschwester, Pflegerin, Sachbearbeiterin in einer großen Buchhandlung

Stella Hershan (New York)
Schriftstellerin
Exilland: USA
Treffen am 21. Mai 1980 in New York
»Emigrationsberuf«: Verkäuferin, Hausfrau, Studentin
Stella Hershan schreibt Unterhaltungsromane und bisher ein Sachbuch.

Lola Humm-Sernau (Ascona)
Übersetzerin, Autorin
Exilländer: Frankreich, Schweiz
Treffen am 23. August 1980 in Ascona
»Emigrationsberuf«: Lion Feuchtwangers Mitarbeiterin und Sekretärin
Über diese Zeit hat Lola Humm-Sernau unveröffentlichte autobiographische Texte geschrieben, die sie mir in Auszügen zur Verfügung stellte, ebenso wie ein Funkmanuskript von Ulrike Voswinckel *(Sanary-sur-Mer 1933–1940. Ein Kapitel deutsche Literatur im Exil)* aus dem Jahre 1979, dem ich einige Originalzitate von Lola Humm-Sernau entnahm.

Gertrud Isolani (Bottmingen-Basel)
Schriftstellerin, Journalistin
Exilländer: Frankreich, Schweiz
Treffen am 21. August 1980 in Bottmingen
»Emigrationsberuf«: Journalistin für Exilzeitungen, Stenographin, Deutschlehrerin
Über ihre Internierung in Gurs hat Gertrud Isolani den

autobiographischen Roman *Stadt ohne Männer* geschrieben, der aus einer Reihe von aus dem Lager geschmuggelten Artikeln für Schweizer Zeitungen entstand (wiederaufgelegt, Basel 1979). Gertrud Isolani schreibt Sachbücher und Romane (vgl. 3. Teil des Buches).

Gina Kaus (Los Angeles)
Schriftstellerin
Exilländer: Frankreich, USA
Treffen am 10. Juni 1980 in Los Angeles
»Emigrationsberuf«: Drehbuchautorin
Ich zitiere in meinem Text aus ihrer Autobiographie ›Und was für ein Leben . . .‹, Hamburg 1979.

Irmgard Keun (Köln)
Schriftstellerin
Exilländer: vor allem Belgien und Frankreich, viele Reisen
Treffen am 6. April 1981 in Köln
»Emigrationsberuf«: Schriftstellerin
Irmgard Keun ist am 5. Mai 1982 gestorben.
(Ihr Leben und ihr Werk werden ausführlich im 3. Teil des Buches behandelt.)

Margarete Kollisch
Philologin
Exilland: USA
»Emigrationsberuf«: Heilmasseuse, Sekretärin
Sie veröffentlichte zwei Gedichtbände: *Wege und Einkehr* und *Unverlorene Zeit*, 1971
Informationen über Margarete Kollisch gab mir ihre Tochter Eva Kollisch in New York.

Lili Körber-Grave (New York)
Schriftstellerin, Philologin
Exilländer: Frankreich, USA
Treffen am 13. Mai 1980 in New York
»Emigrationsberuf«: Krankenschwester
Lili Körber-Grave ist am 11. Oktober 1982 gestorben. Sie schrieb Romane und arbeitete für Zeitungen.

Hedda Korsch (Fort Lee, N.J.)
Gymnasiallehrerin
Exilländer: Schweden, USA
Treffen am 19. Mai 1980 in Fort Lee
»Emigrationsberuf«: Hochschullehrerin
Hedda Korsch (gestorben 1982) ist die Enkelin von Hedwig Dohm und die Cousine von Katja Mann. Sie gehörte zu den ersten »Relief-Workers«, die nach Kriegsende für die Quäker nach Deutschland kamen.

Vera Lachmann (New York)
Philologin, Dichterin
Exilland: USA
Treffen am 13. Mai 1980 in New York
»Emigrationsberuf«: Lehrerin, Molkerin, Putzfrau, Sekretärin, Bibliothekshilfe
Vera Lachmann hat zwei Gedichtbände bei Castrum Peregrini in Amsterdam veröffentlicht, aus denen ich zitiere: *Namen werden Inseln,* 1975; *Golden tanzt das Licht im Glas,* 1969.

Ruth Liepman (Zürich)
Juristin, Literarische Agentin
Exilland: Holland
Treffen am 31. Oktober 1983 in Zürich

»Emigrationsberuf«: Weberin, Übersetzerin, Sekretariatsarbeiten in einer Anwaltskanzlei
Ab dem 10. Mai 1940 arbeitet sie im Schweizer Konsulat in Amsterdam, persönlich angestellt vom Konsul Lanz. Selbst bereits steckbrieflich gesucht wegen Hochverrats, hilft sie, zahlreiche Juden vor der Deportation zu bewahren. Am 10. April 1943 muß sie untertauchen. Sie versteckt sich bis Kriegsende bei einer Hochofenarbeiter-Familie in Beverwjik.

Magdalene Marcuse-Grünberg (Hamburg)
Sekretärin
Exilland: Uruguay
Treffen am 17. Januar 1984 in Hamburg
»Emigrationsberuf«: Sekretärin, journalistische Nebentätigkeiten
Magdalene Marcuse-Grünberg lebte von 1940 bis 1976 in Montevideo. Sie begann in den Jahren des Exils zu schreiben. Eine Auswahl ihrer Texte ist unter dem Titel *Patchwork-Leben* 1982 im Selbstverlag erschienen.

Hilde Marx (Kew Gardens, N. Y.)
Journalistin, Rezitatorin
Exilländer: ČSR, USA
Treffen am 24. Mai 1980 in Kew Gardens
»Emigrationsberuf«: Heilmasseurin

Mary S. Rosenberg (New York)
Buchhändlerin
Exilland: USA
Treffen am 22. Mai 1980 in New York
»Emigrationsberuf«: Antiquarin, Verlegerin, Sortimenterin für deutsche Bücher

Adrienne Thomas (Wien)
Schriftstellerin
Exilländer: Österreich, Frankreich, USA
Treffen am 6. März 1980 in Wien
»Emigrationsberuf«: Schriftstellerin
Adrienne Thomas ist am 7. November 1980 gestorben.
(Ihr Leben und ihr Werk werden ausführlich im 3. Teil des Buches behandelt.)

Elisabeth Viertel-Neumann (Wien)
Schauspielerin
Exilland: USA
Treffen am 24. Oktober 1983 in Wien
»Emigrationsberuf«: Zahnarzthelferin, Bürohilfe, Schminklehrerin, Schauspielerin

Elsbeth Weichmann (Hamburg)
Volkswirtin
Exilländer: ČSR, Frankreich, USA
Treffen am 16. Mai 1983 in Hamburg
»Emigrationsberuf«: Journalistin, Statistikerin, Pelztiernäherin.
Ich zitiere in meinem Text aus ihrer Autobiographie ›Zuflucht – Jahre des Exils‹, Hamburg 1983

Victoria Wolf (Los Angeles)
Schriftstellerin
Exilländer: Schweiz, Frankreich, USA
Treffen am 12. Juni 1980 in Los Angeles
»Emigrationsberuf«: Drehbuchautorin, Schriftstellerin
Victoria Wolf schreibt Unterhaltungsromane. Über ihre Erfahrungen im Exil schrieb sie den Roman *Keine Zeit für Tränen*.

Archive

Besonders viel Material fand ich: im Deutschen Literaturarchiv, 7142 Marbach am Neckar; in der Deutschen Bibliothek, 6000 Frankfurt am Main, und im Leo Baeck Institute, 129 E. 73th Str., New York, N.Y. 10021.

Margaret Atwood

Lady Orakel

Roman, 352 Seiten, gebunden

Eigentlich ist sie tot. Joan Foster, die ihren eigenen (Schein-)Tod inszeniert, um zu überleben. Ihre Flucht nach Italien ist der letzte Ausweg aus einer bedrohlichen Situation, in die ihr vielfaches Doppelleben sie gebracht hat.

Offiziell spielt sie die Rolle der schüchternen Frau eines linksradikalen Agitators. Insgeheim schreibt sie unter Pseudonym kitschige Trivialromane, und ein spiritistisch inspiriertes Nebenprodukt dieser Arbeit macht sie zur gefeierten Dichterin, zur Lady Orakel. Auf dem Höhepunkt des turbulenten Geschehens drohen ihr Liebhaber, das »Königliche Stachelschwein«, »konkreativer« Poet, ihr Ex-Freund, ein echter polnischer Graf, und ein berufsmäßiger Erpresser ihr größtes Geheimnis zu lüften: ihre Vergangenheit als rothaariges, gehänseltes, dickes Kind.

Weitere »Hindernisse« in ihrem Leben sind ihre herrschsüchtige Mutter, ihr Tote zum Leben erweckender Vater, ihre liebe schlampige Tante Lou mit dem sprechenden Fuchspelz – exzentrische Gestalten, die von der Autorin einfühlsam und mit überwältigender Komik dargestellt werden.

Eduardo Arroyo

»Panama«

Das Leben des Boxers Al Brown

352 Seiten und 8 Seiten Abbildungen gebunden

Er war groß, schmal und schwarz, und er war 21, als er auf einem Frachter anheuerte, um nach New York zu gelangen, um Weltmeister im Bantamgewicht zu werden: Al Brown, eigentlich Alfonso Teófilo Brown, kurz »Panama« genannt, nach dem Land seiner Herkunft. Er feierte Triumphe, abwechselnd in New York und Paris. In Paris war er ein Liebling des Volkes, das ihn in harten Kämpfen siegen und gleichzeitig »den schwarzen Boxer aus Panama« ein einziges Mal besiegt und ausgezählt am Boden sehen wollte.

»Panama« war und blieb ein Fremdling, ein eleganter Boxer, geliebt und gehaßt, ausgebeutet von seinen Managern und falschen Freunden, ausgezehrt vom Alkohol. Später hielt Jean Cocteau nicht ohne Eitelkeit den Schirm über seinen schwarzen Schützling, und Maurice Chevalier studierte eine Zirkusnummer mit ihm ein. Aber das war schon am Schluß der Karriere Al Browns, das war schon der Nachruhm vor dem bitteren Ende.

Eduardo Arroyo hat das Leben Al Browns nachgezeichnet – ein Leben, das geprägt war vom Glanz und Elend einer ungewöhnlichen Boxerkarriere und vom Glanz und Elend der großen Metropolen des Exils in den 20er und 30er Jahren unseres Jahrhunderts.

Eberhard Horst

Konstantin der Große

Eine Biographie

400 Seiten und 16 Seiten Abbildungen gebunden

Wie kaum ein römischer Kaiser beschäftigte Konstantin der Große (280–337) die nachgeborenen Generationen. Bis heute gilt er den einen als Vorbild des »wahren Herrschers«, den anderen als der Anfang vom Ende des römischen Weltreichs, das von Britannien bis zum Zweistromland reichte, vom Schwarzen Meer bis nach Spanien. Eberhard Horst versucht, die Legenden um Konstantin – angefangen bei seinem Biographen Eusebius, verfestigt von Voltaire und Jacob Burckhardt – behutsam abzutragen. Es faszinieren ihn die menschlichen Züge des Kaisers in dieser bewegten und wilden Zeit. Konstantins Bemühungen um Frieden, Einigung und Versöhnung zeigen ihn aber auch als hartnäckigen Machtstrategen und großen Staatsmann, der mit der Gründung von Konstantinopel das Römische Reich noch einmal zu einer letzten Blüte führte. Konstantin war kein Eroberer. An die Stelle der morsch gewordenen Monarchie der Cäsaren setzte er den universalen Absolutismus, der immer wieder Nachahmer von weltgeschichtlicher Bedeutung gefunden hat, von den arabischen Kalifen und Karl dem Großen bis zu Napoleon. Mit revolutionärer Kühnheit hat er Staat und Kirche unauflöslich miteinander verbunden, trotz aller Widerstände.